Rajesh Kumar Reddy

Infra-estrutura de TI e sua Gestão

Rajesh Kumar Reddy

Infra-estrutura de TI e sua Gestão

Dentro de uma Organização de TI

ScienciaScripts

Imprint
Any brand names and product names mentioned in this book are subject to trademark, brand or patent protection and are trademarks or registered trademarks of their respective holders. The use of brand names, product names, common names, trade names, product descriptions etc. even without a particular marking in this work is in no way to be construed to mean that such names may be regarded as unrestricted in respect of trademark and brand protection legislation and could thus be used by anyone.

Cover image: www.ingimage.com

Este livro é uma tradução do original publicado sob ISBN 978-620-2-81489-8.

Publisher:
Sciencia Scripts
is a trademark of
International Book Market Service Ltd., member of OmniScriptum Publishing Group
17 Meldrum Street, Beau Bassin 71504, Mauritius
Printed at: see last page
ISBN: 978-620-2-76578-7

Conteúdos

Capítulo - 01

GESTÃO DE INFRA-ESTRUTURAS IT

A Gestão de Infra-estruturas de Tecnologias de Informação (ITIM) descreve como uma organização pode gerir eficazmente o ambiente em que as entidades coexistem e se agrupam. Este ambiente é geralmente conhecido como infra-estrutura informática e o procedimento pelo qual estes atributos são geridos que contribuem para a infra-estrutura informática estável chama-se gestão do sistema. Ou, para qualquer organização, o ITIM é a gestão de componentes fundamentais de operação como políticas, processo, equipamento, dados e informação, recursos humanos, substâncias internas e externas para a eficácia. O ITIM também é por vezes categorizado da seguinte forma: Gestão do sistema Gestão de redes Gestão de armazenamento

1.1 Finalidade do ITIM

Há vários objectivos que uma organização tenta alcançar através da implementação do ITIM. Alguns destes propósitos são os seguintes:

- Reduz a duplicação de esforços.
- Assegura a fidelidade às normas.
- Melhora o fluxo de informação, tudo através do sistema de informação.
- Promove a adaptabilidade necessária para um ambiente em mudança.
- Assegura a interoperabilidade entre a organização e diferentes entidades.
- Mantém as políticas e práticas bem sucedidas de gestão da mudança.

1.2 Vantagens do ITIM

- Alguns dos benefícios da implementação do ITIM são os seguintes:
- Apoia serviços de TI com objectivos empresariais.
- Combina TI e processos empresariais e comunicação inter-organizacional.
- Apoia a configuração das práticas ITIL e gere os requisitos individuais da empresa.
- Permite a rápida iniciação e implantação do projecto ITIL.
- Concentra os processos de TI para uma melhor qualidade de serviço de TI.
- Inclui um modelo de processo e fluxo de trabalho que permite a definição adequada de serviços individuais, o que é significativo para o funcionamento dos processos empresariais dependentes.

1.3 Introdução à infra-estrutura informática

A infra-estrutura informática de uma organização consiste em recursos tais como equipamento, software, hardware ou qualquer outro equipamento de rede. Compreende também qualquer parte necessária para a realização dos serviços a prestar aos utilizadores. Assiste uma organização na gestão de processos comerciais de modo a fornecer serviços de qualidade com sucesso. Os componentes essenciais do processo empresarial são planeados por vários profissionais de TI que ajudam a reconhecer as diferentes infra-estruturas necessárias. Aumentar a agilidade do processo empresarial exige uma infra-estrutura de TI constante mas flexível que ajude a responder rapidamente nas diferentes condições empresariais. As paragens e atrasos têm impacto directo na produtividade do negócio e influenciam os custos e lucros. Com as crescentes complexidades e exigências do software de aplicação, a gestão e controlo da infra-estrutura de TI tornou-se também cada vez mais complexa. Estas complexidades estão a introduzir novos desafios na criação de estratégias para responder às mudanças tecnológicas, reduzindo os custos de operação da gestão de infra-estruturas TI (ITIM), e servindo eficazmente os clientes internos e externos. O ITIM ajuda a organização a gerir, controlar e manter eficientemente a infra-estrutura de TI dentro da organização. Através dos diferentes processos do ITIM, é possível para a organização manter uma lista de controlo eficaz das várias infra-estruturas de TI. Este capítulo trata da evolução do computador moderno a partir dos modelos dos anos 60, de várias questões e desafios de concepção do ITIM e de uma introdução dos vários processos definidos na biblioteca de infra-estruturas de TI. O capítulo trata também de alguns dos modelos empresariais utilizados nas organizações.

1.4 Desafios na Gestão de Infra-estruturas Informáticas

O sucesso da biblioteca de infra-estruturas TI (ITIL) depende da avaliação dos benefícios numa base caso a caso. A infra-estrutura de TI inclui recursos e capacidades que são construídos através de uma comunicação bem coordenada entre a tecnologia e os funcionários da organização. Antes de fazer qualquer modificação prática nas implementações ITIL, é vital fazer uma avaliação sistemática e cuidadosa dos processos chave. Isto é para reconhecer a configuração organizacional existente em comparação com a estrutura ITIL, e depois descobrir as mudanças necessárias na organização e na sua cultura para utilizar o melhor do ITIL.

Embora a infra-estrutura informática e a sua gestão sejam razoavelmente essenciais para o funcionamento eficiente e expansão de uma organização informática, existem algumas questões que obstruem a implementação do ITIM. Por isso, é essencial identificar os factores que podem evoluir para obstáculos enquanto o ITIM estiver a ser implementado.

Poucos desafios importantes durante a implementação do ITIM são dados como se segue:

Indivíduos:

 O desafio inicial na implementação do ITIM são os próprios indivíduos. As mudanças a qualquer nível podem frequentemente trazer um certo grau de conflito. A implementação do ITIL trará uma mudança na mentalidade dos empregados. Assim, uma formação adequada, boa liderança e flexibilidade na implementação são importantes para o sucesso do ITIM.

Investimento:

 Para alguma organização, o investimento adicional em tecnologia para aceitar completamente os processos ITIL, especialmente no actual ambiente de consciência orçamental. Os recursos essenciais para instalar, configurar e sustentar estas estruturas poderiam ofuscar os benefícios estimados. Assim, as organizações precisam de pensar se podem eventualmente amalgamar as suas tecnologias acessíveis ou se podem substituí-las, por exemplo, por um novo conjunto de soluções de mesa de serviço baseadas em ITIL.

Documentação:

A documentação é um importante constituinte do ITIL; contudo, os recursos podem simplesmente ser reconhecidos quando esta informação é armazenada num sistema organizado. A documentação de eventos por si só não fornece a análise da causa raiz dos problemas, e a racionalização do tempo para a resolução necessita de uma estreita associação com a gestão de problemas para que as melhorias sejam reconhecidas. Para que isto ocorra, é necessário construir um processo que capte e registe os incidentes, utilize este conhecimento para classificar os incidentes, quem está a ser afectado, a razão da sua ocorrência e o registo do processo de diagnóstico, e finalmente o processo para restaurar o serviço no tempo mínimo. Em primeiro lugar, isto significa que o balcão de serviço requer a atribuição de mais tempo aos seus trabalhos quotidianos, no entanto, se houver lucros a longo prazo a serem realizados, então a mudança para o ITIL-devotion pode dar dividendos.

Adequação à organização:

Mesmo que todos os desafios acima mencionados sejam enfrentados e a organização esteja preparada para a implementação, o desafio mais notável aparece sob a forma de adequação à organização. O objectivo do ITIL e do ITIM é aumentar a produtividade através da diminuição do custo de entrada. A gestão requer a implementação da prática do ITIL de tal forma que não obstruam o processo da organização, mas que o mantenham. Para tal, os gestores devem ser pacientes e conhecedores, para que os procedimentos ITIL e ITIM sejam implementados com sucesso.

1.5 Questões de design com a organização de TI

A concepção organizacional significa a forma como uma organização separou o seu trabalho em diversas tarefas e coordena entre estas diversas tarefas. Indica também como a infra-estrutura é essencialmente concebida para que cada departamento da organização seja colocado no local certo. Para uma organização de TI, não existe uma política de concepção ideal que possa ser implementada, mas sim o conjunto de práticas que são estabelecidas no local de trabalho.

As diferentes questões de concepção relacionadas com a organização de TI podem ser divididas nas seguintes questões:

- Questões de concepção de infra-estruturas informáticas
- Questões de concepção do centro de dados e da sala do servidor
- Concepção do departamento de redes informáticas
- Concepção de mecanismo de backup e recuperação de desastres
- Configuração de hardware e software de vários servidores, computadores de secretária e computadores portáteis
- Detalhes do acesso de vários utilizadores

1.5.1 Questões de design

A fim de trabalhar eficazmente, os vários departamentos de uma organização informática devem estar situados no local certo, ou seja, um determinado departamento é capaz de lidar com os problemas e poderia resolver os problemas se e só se estiver a funcionar no local mais eficiente. Para tal,estes departamentos têm de serposicionados em conformidade, o que afecta as diferentes questões de concepção na infra-estrutura de TI. A posição certa facilita o departamento a servir os seus funcionários e o utilizador final da melhor maneira possível. Algumas questões de concepção dos departamentos de TI são discutidas abaixo.

1.5.2 Balcão de ajuda

Deve ser centralizada, de fácil acesso e capaz de reunir informações de várias fontes dentro e fora da organização. Deve estar bem ligado a vários departamentos da organização. Os utilizadores finais e empregados da organização devem ser capazes de contactar o help desk sem qualquer dificuldade em declarar as suas queixas e obter a sua solução adequada. Geralmente, os balcões de atendimento estão localizados mesmo à entrada da organização, pelo que é de fácil acesso.

1.5.3 Administrador da base de dados

Um administrador de base de dados deve ser capaz de reunir e armazenar todos os dados necessários na base de dados. Deve assegurar-se de que existe uma cópia de segurança adequada da base de dados.

- Garantir a segurança adequada de dados importantes da organização.
- Geralmente, o administrador da base de dados é posicionado na secção técnica de diferentes departamentos.
- Se a base de dados for pequena, pode haver um único administrador de base de dados, que pode tratar de todas as tarefas acima mencionadas. Mas se a base de dados for grande, pode ser dividida e gerida facilmente.

1.5.4 Administrador de Rede

É necessário um administrador de rede numa organização para assegurar que existe uma conectividade adequada na organização.

- Garantir a segurança adequada da rede para que nenhum intruso possa atacar a rede.
- Para autenticar vários fluxos de tráfego que entram e saem da rede
- Normalmente, o administrador da rede ou é colocado na secção técnica ou no departamento de rede da organização.
- Se a organização for grande, então o departamento de rede pode ser dividido em departamentos de rede mais pequenos, cada um tendo o seu próprio administrador.

1.5.5 Questão do sistema informático

A fim de satisfazer as actuais exigências comerciais, o sistema acessível à organização informática deve utilizar eficazmente os recursos à sua disposição. Existem tipicamente cinco recursos principais para os quais existem numerosas questões que os gestores de TI têm de ter em mente. Os diferentes recursos e questões relacionadas com eles são mencionados abaixo.

1.5.5.1 Ambiente do servidor

O ambiente do servidor inclui recursos de diferentes tipos e tamanhos. Isto inclui processadores e plataforma de vários mainframes, estações de trabalho e PDAs. A quantidade e a potência do processador influenciam a velocidade do trabalho a ser completado para uma transacção orientada para o processador. As diferentes questões relacionadas com este recurso são as seguintes: Velocidade do processador Tamanho da memória principal Tamanho da memória cache Espaço de troca Número e tamanho do buffer Número e tipos de canal de comunicação

1.5.5.2 Ambiente de armazenamento em disco

O ambiente de armazenamento do disco controla o desempenho global do sistema. Isto deve-se principalmente ao facto de o tempo necessário para pesquisar dados numa determinada faixa ou sector, ou para ler, escrever ou aceder aos dados, directa ou indirectamente, influenciar o desempenho do sistema. As diferentes questões relacionadas com este recurso são as seguintes:

- Tamanho da memória cache
- Grupo de volume
- Fragmentação
- Rede de áreas de armazenamento

- Armazenamento em rede

1.5.5.3 Ambiente de base de dados

O esquema físico ou a localização da base de dados também influencia o ambiente do sistema. A posição dos ficheiros essenciais ou críticos dentro da base de dados pode ser importante para decidir o desempenho global do sistema. As diferentes questões relacionadas com este recurso são as seguintes:

- Colocação de ficheiros na base de dados
- Parâmetro de inicialização
- Fechaduras
- Índice e chaves
- Equilíbrio dos recursos do sistema

1.5.5.4 Ambiente de rede

A velocidade da rede determinada pelos vários sistemas de um grupo de trabalho está interligada e é uma questão chave no desempenho do sistema. Quanto maior for a carga, pior será o desempenho da rede e o desempenho global do sistema. As várias questões relacionadas com este recurso são as seguintes:

- Largura de banda atribuída à rede
- Velocidade da linha
- Protocolo implantado na rede Técnicas de Radiodifusão
- Interfaces não padrão

1.5.5.5 Ambiente do computador de secretária

O ambiente de computador de secretária compreende uma colecção de questões. As várias questões relacionadas com este recurso são as seguintes:

- Velocidade do processador
- Espaço de armazenamento em disco
- Ligação em rede
- Ferramentas de diagnóstico
- Ferramentas administrativas

Capítulo - 02

PROCESSO DE GESTÃO DO SISTEMA IT

A gestão do sistema de tecnologias de informação ajuda na concepção, implementação e gestão das várias infra-estruturas informáticas. Ajuda na gestão das infra-estruturas informáticas para alcançar a sua eficiência óptima, constância, consistência, disponibilidade e apoio. Também inclui informação completa sobre como implementar diferentes infra-estruturas TI na organização e detalhes completos sobre como implementar cada disciplina chave no seu lugar apropriado.

2.1 Tarefas comuns de gestão de sistemas informáticos

As tarefas comuns da gestão de sistemas informáticos são as seguintes:

- Manutenção de inventários de hardware
- Monitorização da disponibilidade do servidor
- Inventário e instalação de software
- Gestão de anti-vírus
- Monitorização das actividades dos utilizadores
- Monitorização da capacidade
- Gestão de segurança
- Gestão de armazenamento
- Monitorização da capacidade da rede e da utilização

2.2 Processo de gestão de serviços informáticos

A gestão de serviços de tecnologia da informação é a metodologia global para ligar diferentes processos de gestão essenciais para assegurar uma oferta consistente de serviços com qualidade garantida. É basicamente uma abordagem orientada para o cliente e não para a tecnologia ou para as empresas, ou seja, a qualidade do serviço fornecido aos utilizadores deve ser a acordada pela organização.

A tarefa do processo de gestão de serviços informáticos para assegurar a qualidade dos serviços e melhorar a relação entre os utilizadores e a organização, e o fornecedor e a organização. Para tal, necessita de um mecanismo eficiente que permita uma comunicação eficaz entre os indivíduos e os utilizadores finais das TI.

O principal objectivo deste processo é apoiar os serviços de TI com a exigência dos processos empresariais, a fim de manter a qualidade dos serviços oferecidos. Está normalmente relacionado com as preocupações operacionais da gestão de TI, e não com o melhoramento da tecnologia. A disciplina não está relacionada com os pormenores de como utilizar o produto de um determinado fornecedor, ou essencialmente com as informações técnicas dos sistemas sob gestão. Em vez disso, concentra-se em oferecer uma estrutura para organizar actividades e comunicações do pessoal técnico com clientes e utilizadores finais relacionadas com as TI. Na versão ITIL3 (v3), os processos de gestão de serviços TI foram divididos em duas componentes: processo de prestação de serviços e processo de apoio ao serviço. Estes 2 subprocessos do ITIL têm no total 10 sub-disciplinas que asseguram os requisitos comerciais, a qualidade dosserviços, produtos e uma melhorcomunicação entre indivíduos e utilizadores de TI. Estes dois subprocessos são independentes mas estão ligados um ao outro através do balcão de serviço. O balcão de serviço não só liga estes dois subprocessos, mas também as disciplinas neles existentes.

2.2.1 Processo de prestação de serviços

O processo de prestação de serviços é um elemento essencial do ITIL e está relacionado com a prestação de serviços e apoio suficiente aos utilizadores finais. Este processo diz respeito à gestão de serviços de TI e inclui uma série de práticas de gestão para assegurar que os serviços de TI são oferecidos aos utilizadores finais, conforme acordado.

O processo de prestação de serviços compreende o seguinte:

2.2.1.1 Gestão de Nível de Serviço

A gestão do nível de serviço é o processo responsável por discutir os acordos de nível de serviço (SLAs), e assegurar que estes acordos são cumpridos. É responsável porassegurar que todos osprocessos de gestão deserviços informáticos, acordos de nível operacional (OLAs) e contratos subjacentes são adequados aos objectivos de nível de serviço acordados. Esta gestão controla e informa sobre os níveis de serviço e realiza avaliações regulares dos clientes.

2.2.1.2 Gestão financeira

A gestão financeira inclui várias funções e processos que são responsáveis pela gestão do orçamento, contabilidade e requisitos de cobrança de um prestador de serviços de TI. Este processo torna viável a distribuição prática dos custos necessários para os serviços de TI e a obtenção de informação para avaliar as opções, gerir o consumo e perceber o verdadeiro valor das infra-estruturas e serviços de TI.

2.2.1.3 Gestão da Continuidade

A gestão da continuidade é o processo responsável pela gestão dos riscos que podem ter um impacto crítico nos serviços de TI. Garante que o prestador de serviços de TI pode sempre fornecer níveis mínimos de serviço decididos, reduzindo o risco a um nível satisfatório e planeando a recuperação dos serviços de TI após o incidente. Estagestão deve ser concebida de modo a poder apoiar a gestão da continuidade do negócio .

2.2.1.4Gestão da capacidade

A gestão da capacidade é a actividade responsável por compreender o desempenho e a capacidade dos serviços de TI. Os recursos utilizados por todos os serviços de TI e o padrão de utilização ao longo do tempo são acumulados, documentados e analisados para utilização no plano de capacidade. 2

2.2.1.5 Gestão da disponibilidade

A gestão da disponibilidade é a actividade de gestão responsável pela descrição, avaliação, planeamento, cálculo e melhoria de todas as características dos serviços de TI disponíveis numa organização. A gestão da disponibilidade é responsável por assegurar que todas as infra-estruturas, processos, equipamentos e recursosde TI , funções, etc., sejam adequados aos objectivos de nível de serviço acordados.

2.2.2 Processo de Apoio ao Serviço

O processo de apoio ao serviço é a prática de diversas disciplinas, o que permite à organização fornecer diferentes serviços de TI aos seus utilizadores finais. Sem este processo, a organização não poderá fornecer os serviços de TI acordados. Todos os processos de apoio ao serviço têm diversos objectivos, dependendo das áreas de prestação de serviços. Todos estes processos são independentes uns dos outros, mas podem desencadear um outro. Este processo explica o processo do dia-a-dia e o apoio dos serviços de TI. Está principalmente relacionado com as questões que dizem respeito aos serviços que são prestados pela organização aos seus utilizadores finais. Este processo inclui um conjunto de cinco actividades de gestão diferentes que trabalham em conjunto para fornecer os serviços acordados ao seu utilizador e também regulam qualquer mudança necessária para tornar o serviço melhor e mais eficiente.

O conjunto de cinco actividades de gestão diferentes são as seguintes:

2.2.2.1 Gestão da configuração

A gestão da configuração é a actividade responsável pela manutenção dainformação sobreitens de configuração (IC) necessária enquanto se presta um serviço de TI, incluindo as relações que existem entre os diferentes serviços. Esta informação é registada ao longo de todo o ciclo de vida da IC. A gestão da configuração faz parte de um activo e processo de serviço global.

2.2.2.2 Gestão de Incidentes

A gestão de incidentes é a actividade responsável pela gestão e registo do ciclo de vida de todos os incidentes que ocorrem numa organização. O principal objectivo da gestão de incidentes é devolver o serviço de TI aos utilizadores o mais rapidamente possível após a resolução de problemas do incidente interno da organização.

2.2.2.3 Gestão de problemas

A gestão de problemas é a actividade responsável pela gestão e registo do ciclo de vida de todos os problemas. Os principais objectivos da gestão de problemas são evitar incidentes, e minimizar o impacto de futuros incidentes que são inevitáveis.

2.2.2.4Gestão da mudança

A gestão da mudança é a actividade responsável pelo controlo e coordenação do ciclo de vida de todas as mudanças. O principal objectivo da gestão de mudanças é permitir a implementação de mudanças benéficas, com o mínimo de perturbações nos serviços de TI.

2.2.2.5 Gestão de libertações

O processo de gestão de libertações é responsável pelo planeamento, agendamento, controlo e rolagem do movimento das libertações para analisar ambientes ao vivo. O principal objectivo dagestão delibertaçõesé assegurar que aintegridade do ambiente ao vivo é confinada e que os componentes correctos com documentação adequada são libertados. Isto faz parte do processo de gestão das libertações e da implantação.

2.3 PROCESSO DE CONCEPÇÃO DO SISTEMA DE INFORMAÇÃO

O trabalho de um arquitecto de TI é calcular os problemas empresariais e resolvê-los. Um arquitecto de TI começa por recolher os inputs relacionados com o problema, e determina um esboço da solução desejada, e con- ciona quaisquer pensamentos ou requisitos especiais enquanto determina a solução. Em seguida, ele utiliza este input e começa a conceber a solução. A solução pode incluir uma ou mais aplicações informáticas que resolvam os problemas, fornecendo as funções essenciais. O nível dos padrões juntamente com as suas ligações e procedimentos conectados, permitem ao arquitecto iniciar umproblema com uma ideia dasolução, e depois encontrar um padrão adequado que se ajuste a essa ideia ou solução em particular. Ao perfurar utilizando o procedimento de moldes, o arquitecto informático pode caracterizar ainda mais as peças funcionais extra que a aplicação é necessária para realizar. Finalmente, a aplicação poderia ser desenvolvida utilizando técnicas de codificação.

O papel deste processo é o de desenvolver uma ilustração personalizada da organização informática para formar um modelo básico. Este processo de concepção tem dois tipos de requisitos:funcionais e não funcionais. Orequisito funcional descreve a conduta do sistema que mantém os objectivos, deveres ou actividades do utilizador, enquanto que o requisito não funcional identifica normas pelas quais o funcionamento do sistema pode ser examinado. Isto requer o desenvolvimento de técnicas através das quais as necessidades de concepção para o processo empresarial e a gestão do sistema possam ser unidas.

Capítulo - 03

PROCESSO DE PRESTAÇÃO DE SERVIÇOS

3.1 INTRODUÇÃO

O processo de prestação de serviços é uma parte essencial do ITIL e está basicamente preocupado em prestar serviços à organização do utilizador final para dar apoio suficiente às suas actividades comerciais. O processo de entrega do sistema diz respeito à gestão dos serviços de TI e inclui várias práticas de gestão para garantir que os serviços de TI são fornecidos aos utilizadores finais, conforme acordado pela organização. O processo de prestação de serviços engloba várias disciplinas de gestão.

O TI inclui o seguinte: Gestão do nível de serviço Gestão da capacidade Gestão financeira e de custos Gestão da disponibilidade Gestão da continuidade O processo de prestação de serviços ajuda os utilizadores, clientes e prestadores de serviços a caracterizar adequadamente o papel e a responsabilidade de cada participante pelo conteúdo. O objectivo do processo de prestação de serviços é melhorar o desempenho da infra-estrutura de TI existente. Assegura que os serviços que são fornecidos pela organização são os mesmos que foram acordados pela organização aos utilizadores finais. Além disso, o processo de prestação de serviços assegura que os serviços que são prestados são correctos e dentro do prazo estipulado.

Os processos de prestação de serviços também integram várias outras práticas de gestão para desenvolver e prestar serviços associados às necessidades da organização. Isto pode ser entendido da seguinte forma:

A gestão do nível de serviço recolhe os requisitos de serviço da organização.

Os requisitos recolhidos são então avançados para as áreas do processo de apoio, tais como gestão de disponibilidade, gestão de capacidade, gestão da continuidade dos serviços TI e gestão financeira para revisão e para confirmar as capacidades actuais do grupo e organização TI.

As capacidades existentes do grupo e organização de TI recomendam então um procedimento para melhorar os serviços de modo a satisfazer os requisitos da organização para a prestação de serviços ao seu cliente. Estas recomendações são documentadas e encaminhadas para a gestão a nível de serviços.

A gestão do nível de serviço juntamente com a área de negócios trabalha para discutir os objectivos do nível de serviço da organização para satisfazer os requisitos dos utilizadores.

A gestão do nível de serviço constrói um acordo com a unidade empresarial que identifica quais os serviços que serão prestados e quando.

Finalmente, a gestão do nível de serviço produz métricas e relatórios sobre os resultados do nível de serviço.

GESTÃO DE NÍVEL DE SERVIÇO

A gestão de nível de serviço trata de várias questões relacionadas com a prestação de serviços em várias unidades de negócio e assiste a organização na gestão adequada do serviço que deseja oferecer ao seu cliente da forma mais rentável. Os processos empresariais que dependem da infra-estrutura informática são apenas tão consistentes e fiáveis como a infra-estrutura fundamental de uma organização. Para alcançar a máxima fiabilidade, a gestão do nível de serviço terá de trabalhar cordialmente com o pro- cess empresarial. Monitoriza a qualidade dos serviços de um indicador-chave de desempenho. O indicador-chave de desempenho varia desde o grão grosso até à disponibilidade e utiliza o modelo estratégico para descobrir o indicador-chave de desempenho de um determinado serviço.

O gestor de nível de serviço também depende de outras áreas do processo de prestação de serviços de apoio para assegurar que os serviços acordados são prestados ao utilizador de uma forma rentável, segura e eficiente. A gestão do nível de serviço compara o desempenho real da empresa com os objectivos e determina planos de acção apropriados a serem tomados para melhorar o desempenho e coloca tudo isto num relatório completo. A gestão do nível de serviço oferece uma zona de conforto sobre a qualidade de uma determinada solução de infra-estrutura ou serviço através de um acordo de nível de serviço (SLA). O SLA assegura que a organização é capaz de fornecer serviços de uma quantidade definida com estabilidade, fiabilidade e desempenho. Um SLA pode ser obrigatório ou pode ser o componente da estratégia causada por ou devido a uma gestão de nível de serviço.

Numa organização, a gestão a nível de serviço é responsável pelo seguinte (ver Figura 3.1):

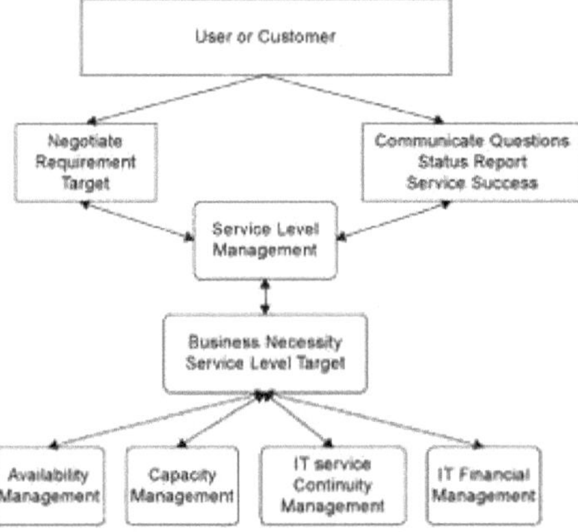

Para garantir que os serviços ou projectos informáticos decididos são entregues quando e onde se destinam. Trabalha em conjunto com outras actividades de gestão, tais como gestão de disponibilidade, gestão de capacidade, gestão de incidentes e gestão de problemas, para assegurar que o nível de serviço necessário com a sua qualidade é atingido dentro dos recursos decididos com a gestão financeira.

Para garantir que foram feitos planos adequados de continuidade dos serviços de TI para apoiar o negócio e o processo empresarial. Para gerar e manter um catálogo de serviços.

3.2.1 Acordo de Nível de Serviço

Um acordo de nível de serviço (SLA) é uma parte essencial de uma gestão de nível de serviço. É um acordo entre o utilizador final e a organização, para o qual o nível de serviço é formalmente definido. Na realidade, o termo "gestão de nível de serviço" é ocasionalmente utilizado para se referir ao prazo de entrega do serviço ou desempenho contratado.

Um acordo de nível de serviço é um acordo negociado entre o utilizador final e a organização que presta o serviço. Este acordo pode ser ou um contrato formal ou informal legalmente vinculativo. A gestão do nível de serviço inclui um entendimento esperado sobre serviços, prioridades, responsabilidades, garantias e garantias. Para cada área de serviço, o intervalo de 'nível de serviço' é predefinido. A gestão do nível de serviço pode indicar os níveis de disponibilidade, de serviço, de desempenho, de operação ou outras qualidades do serviço. O 'nível de serviço' também identifica o 'alvo' e o 'mínimo', o que assegura que os clientes são informados sobre o que esperar (o mínimo) da organização, ao mesmo tempo que fornece um valor-alvo (médio) mensurável que representa o nível de desempenho .

Os acordos de nível de serviço são baseados na "produção", por natureza. Basicamente, o resultado do serviço que é recebido pelo cliente é o objecto do 'acordo entre o utilizador e a organização'. As organizações podem também identificar a forma como os serviços devem ser prestados, através de uma especificação e utilizando 'objectivos' subordinados.

3.2.1.1 Conteúdos típicos

O acordo de nível de serviço inclui geralmente a definição dos serviços a serem prestados, medida de desempenho do serviço, gestão de problemas, deveres do cliente incluindo as suas funções e responsabilidade, garantias, plano de recuperação e recuperação de desastres, e rescisão do acordo.

3.2.2 Acordo de Nível Operacional

Um acordo de nível operacional (OLA) descreve a interdependência dos grupos de apoio interno de uma organização que trabalha para apoiar um acordo de nível de serviço (SLA). O acordo ilustra as funções e responsabilidades de cada grupo de apoio interno da organização para com outros grupos de apoio, incluindo o processo e o calendário para a prestação de serviços. O principal objectivo do OLA é apresentar uma explicação clara mas breve e mensurável das relações internas do prestador de serviços. O OLA não é um acordo alternativo para o SLA. O objectivo do OLA é certificar-se de que as actividades de sup- portabilidade da equipa estão claramente associadas umas às outras para transmitir o SLA proposto. Se o OLA de apoio não estiver em vigor, torna-se muito difícil para uma organização voltar repetidamente ao engenheiro e às equipas de apoio para levar a cabo os termos do SLA. O acordo de nível de operação tem de ser visto como a base de uma prática de alta qualidade e de um acordo geral, cuja soma desempenha um papel importante na entrega do SLA.

Os conteúdos comuns da OLA incluem o seguinte:

Controlo de documentos e informação de versões: O OLA deve estar sob controlo de gestão de alterações para que o documento e as versões sejam correctamente geridos, e as alterações devem ser actualizadas na base de dados de gestão da configuração.

Autorizações, datas e assinaturas: O OLA deve ter autoridade para fazer cumprir o acordo entre o utilizador final e a organização. O acordo deve incluir a assinatura da pessoa autorizada juntamente com a data e a hora.

Objectivos e alcance: Deve indicar claramente o objectivo do OLA.

Festas: Deve definir as partes do OLA, ou seja, o OLA deve ter o nome das partes para as quais o acordo está formatado.

Serviços abrangidos: Deve indicar e mencionar exclusivamente os serviços prestados por cada parte, enumerando os produtos para cada parte, para que fique claro o que se espera das partes no acordo. Papéis e responsabilidades: Para os serviços acordados abrangidos pelo acordo, documentar quem tem que responsabilidade por cada etapa da prestação dos serviços ao utilizador.

Priorização e escalada: Dar prioridade a vários serviços com certeza, pois a não realização de qualquer serviço de alta prioridade poderia impedir a prestação de mais serviços e poderia resultar numa escalada.

Tempos de resposta: Definições claras e explícitas de quanto tempo as partes demorarão a responder às consultas geradas pelo utilizador final.

Relatórios, revisão e auditoria: Esta parte define a duração do OLA, e diz à organização quando e em que condições deve reavaliar o OA, e sob tais condições quando, o quê e a quem os engenheiros devem prestar contas.

Apêndices: Esta secção inclui referências que estão associadas à documentação, procedimentos, definições e qualquer outro recurso que tenha sido utilizado durante a construção que facilite ao utilizador final seguir, compreender ou manter o OLA.

3.2.2.1 Objectivos da OLA

Os objectivos da OLA são os seguintes:

Apresentar referência inequívoca à propriedade dos serviços, responsabilidade, papéis e responsabilidades das várias partes envolvidas.

Fornece uma descrição compreensível, directa e mensurável da condição de serviço ao cliente.

Combinar a percepção da prestação de serviços antecipada do utilizador com o apoio e entrega de serviços reais.

3.2.3 Requisitos de Nível de Serviço

Embora muitas organizações dêem prioridade inicial a SLAs para serviços existentes, é também essencial estabelecer procedimentos para acordar requisitos de nível de serviço (SLRs) para novos serviços a serem desenvolvidos ou adquiridos pela organização. Os SLR devem ser uma parte essencial dos critérios de concepção de sistemas ou requisitos funcionais, e devem fazer parte dos critérios de teste à medida que o sistema ou serviço avança através de várias fases de desenvolvimento ou aquisição.

3.2.4 Benefícios da Gestão de Nível de Serviço

Aumento da qualidade do serviço: Com a gestão do nível de serviço, a qualidade dos serviços que são postos à disposição dos utilizadores por uma organização melhorou à medida que resolve os problemas actuais na altura e no momento.

Redução de custos: A gestão do nível de serviço também ajuda a reconhecer melhor o processo empresarial; por conseguinte, há uma redução no custo de entrega do serviço.

Melhoria da relação cliente e organização: À medida que a qualidade do serviço aumenta, a relação entre os clientes e a organização melhora. A percepção do utilizador em relação à organização torna-se melhor.

Produtividade melhor e em tempo útil: A gestão do nível de serviço ajuda as organizações a completar e prestar o serviço a tempo e, portanto, a aumentar a produtividade.

Aumento da satisfação do cliente: À medida que os utilizadores vão recebendo o processo e o produto de acordo com o acordo e que os serviços são oferecidos no momento certo, o nível de satisfação do utilizador aumenta.

3.2.5 Custo da Gestão de Nível de Serviço

Os custos associados à implementação e execução da gestão de nível de serviço incluem: Custos de pessoal Custos de alojamento Ferramentas de apoio Hardware Custos de marketing

3.2.6 Funções e Responsabilidade do Gestor de Nível de Serviço

As funções e responsabilidades de gestor de nível de serviço incluem o seguinte:

- Implementar e manter o processo SLM a um nível exigido pela organização.
- Criar e manter um catálogo dos serviços existentes oferecidos pela organização.
- Acomodar quaisquer planos/programadores de melhoria de serviços acessíveis no âmbito do processo SLM.
- Negoceia, concorda e mantém SLAs com os utilizadores.
- Gera relatórios regulares sobre o desempenho e realização dos serviços ao utilizador e fornecedor de TI a um nível apropriado.
- Organiza e mantém um processo de revisão regular do nível de serviço tanto com os clientes de TI como com os prestadores de serviços.
- Inicia quaisquer acções necessárias para manter ou melhorar os níveis de serviço no processo em curso.
- Actua como ponto de coordenação para qualquer alteração temporária dos níveis de serviço requeridos.

3.2.7 Relação com outras actividades

3.2.7.1 Com Gestão Financeira

A gestão financeira fornece informações de custos relacionados com o serviço que tem para oferecer. Também atribui fundos a vários projectos de acordo com a exigência do utilizador mencionada no SLA, e assegura que nenhum serviço ou projecto seja deixado por atribuir. Além disso, com a ajuda da gestão financeira, a gestão de nível de serviço poderá tomar uma decisão relacionada com o custo do serviço oferecido.

3.2.7.2 Com a Gestão da Continuidade

A gestão da continuidade ajuda a gestão do nível de serviço a recuperar de qualquer catástrofe e a recomeçar o funcionamento normal do serviço o mais cedo possível. Com a ajuda do plano de continuidade do negócio é fácil para a gestão do nível de serviço recomendar aos seus clientes os serviços de acordo com o acordo.

3.2.7.3 Com Gestão de Capacidade

A gestão da capacidade ajuda a gestão do nível de serviço a reconhecer o impacto na capacidade depois de um serviço ter sido iniciado. Também enumera, se a capacidade doméstica seria adequada para o serviço ou não, se não solicita à organização que aumente a capacidade em conformidade, quer comprando ou externalizando os recursos. A gestão do nível de serviço propõe ao seu cliente os serviços de acordo com a capacidade da organização, que é determinada pela gestão da capacidade.

3.2.7.4 Com a Gestão da Disponibilidade

A gestão do nível de serviço notifica a gestão da disponibilidade sobre a necessidade dos recursos para satisfazer a procura de serviço e a gestão da disponibilidade em troca disponibiliza os recursos à gestão do nível de serviço para os serviços, para que possam ser completados dentro do tempo estipulado. A disponibilidade de recursos é uma questão significativa para a prestação de serviços ao cliente, de acordo com o SLA. É aqui que a gestão da disponibilidade entra em cena.

3.2.7.5 Com o Service Desk

O balcão de atendimento é o ponto médio da comunicação envolvendo a gestão do cliente e do nível de serviço. O balcão de serviço fornece à gestão do nível de serviço informações valiosas, como o feedback dos serviços por parte do cliente. Além disso, o balcão de serviço ajuda a gestão donível de serviço a familiarizar-se com as mudanças nas necessidades do utilizador (se existirem), para que o serviço possa ser alterado e possa ser entregue de uma forma melhor.

3.3 GESTÃO DA CAPACIDADE

A gestão da capacidade é o processo para controlar a infra-estrutura de TI de uma organização para garantir que os requisitos actuais e futuros do processo empresarial são cumpridos de forma rentável. A gestão da capacidade assegura que os recursos são operados na sua melhor capacidade. Faz constantemente um esforço para optimizar a capacidade de organização de acordo com os requisitos passados, actuais e futuros da organização, de modo a que esta possa prestar os serviços empenhados. Um plano de capacidade inadequado pode levar ao desperdício de recursos e a um financiamento desnecessário para a aquisição dos recursos. O principal objectivo da gestão da capacidade é recolher recursos para o futuro processo de rastreio do requisito actual da organização. A gestão da capacidade pode ser dividida em três sub-processos diferentes. Estes são os seguintes:

(i)   Gestão da capacidade empresarial
(ii)   Gestão da capacidade de serviço
(iii)   Gestão da capacidade dos componentes

O trabalho de gestão da capacidade é proactivo e bastante reactivo por natureza. É principalmente responsável por assegurar que as necessidades do processo empresarial e as definições de serviços são satisfeitas através da utilização de um mínimo de recursos e infra-estruturas informáticas.

3.3.1 Gestão da Capacidade Empresarial

A gestão da capacidade empresarial é um sub-processo de gestão da capacidade que é responsável pela compreensão dos potenciais requisitos empresariais da organização. A gestão da capacidade tem uma relação estreita e bidireccional com a estratégia empresarial e os processos de planeamento dentro de uma organização. Os planos de negócios são desenvolvidos a partir da capacidade da organização, considerando os factores externos como o mercado competitivo, e a sua capacidade interna em termos de recursos humanos, capacidade de entrega, etc.

3.3.2 Gestão da Capacidade de Serviço

 A gestão da capacidade de serviço é um sub-processo de gestão da capacidade que é responsável pela compreensão do desempenho e capacidade dos serviços de TI. Os recursos que são utilizados pelos serviços de TI e os padrões de utilização são acumulados, documentados e analisados ao longo de um período de tempo de Capacidade para fazer o plano de capacidade.

3.3.3 Gestão da Capacidade dos Componentes

A gestão da capacidade dos componentes é uma actividade de sub-processo de gestão da capacidade que é responsável pela compreensão do Plano de Negócios de TI sobre capacidades, utilização e implementação, e desempenho de cada item de configuração presente na base de dados de gestão da configuração.

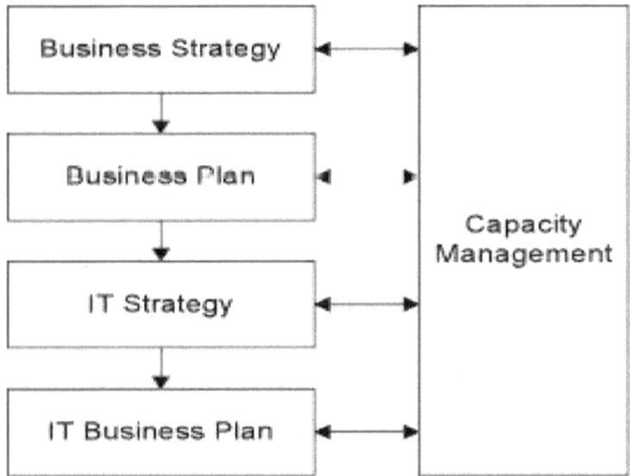

3.3.4 Actividades de Gestão de Capacidade

 Registar, analisar, monitorizar, virar e implementar as alterações necessárias à utilização dos recursos.

Para registar e armazenar dados de gestão de capacidade.

Gerir a exigência de recursos informáticos de acordo com a exigência e a prioridade comercial. Construir os planos anuais de crescimento das infra-estruturas.

3.3.5 Plano de capacidade

É utilizado um plano de capacidade para controlar os recursos necessários à prestação de serviços de TI aos utilizadores. O plano de capacidade inclui circunstâncias de diferentes pressupostos de exigência comercial, e alternativa de custos para fornecer os objectivos de nível de serviço acordados.

3.3.6 Planeamento da capacidade

O planeamento da capacidade é a prática de construir o plano de capacidade. É um processo que prevê a capacidade e o tempo dos recursos críticos que são necessários dentro de uma organização para satisfazer com precisão a carga de trabalho estimada. É responsável por assegurar que os recursos estejam prontamente disponíveis para um pro- cess no momento da sua necessidade, de acordo com os planos iniciais. O planeamento da capacidade ajuda a reduzir o custo dos recursos que são necessários num momento crítico, ao compreender o conhecimento exacto dos requisitos.

3.3.7 Benefícios do Planeamento de Capacidade

Seguem-se os benefícios do planeamento da capacidade:

- Melhora a relação entre os criadores e os utilizadores finais.
- Melhor comunicação com fornecedores e vendedores.
- Promove a colaboração com outros grupos de infra-estruturas na organização.
- O risco associado com a distribuição de recursos para as operações comerciais actuais e futuras é reduzido.
- Com a compreensão da capacidade, há uma redução nos custos de aquisição de novos recursos.
- Melhoria da eficiência na utilização dos recursos.
- Melhor satisfação do cliente, uma vez que os serviços são oferecidos na altura certa, devido à atribuição adequada de recursos ao serviço acordado.

3.3.8 Conteúdo de um Plano de Capacidade

O plano de capacidade deve ser publicado todos os anos juntamente com o ciclo orçamental, e se possível deve ser actualizado após cada trimestre. Isto exigiria um esforço extra, mas, assegurará que o plano de capacidade seja mais preciso e reflicta as necessidades empresariais em mudança. A seguir, apresentamos a tenda típica do plano de capacidade.

3.3.8.1 Introdução

A introdução deve explicar brevemente os antecedentes do plano de capacidade, como por exemplo:

A capacidade actual da organização.

 Os problemas enfrentados ou previstos devido a sobre ou subcapacidade.

O grau em que os níveis de serviço estão a ser alcançados com a capacidade actual.

As alterações após a implementação do plano.

A introdução inclui também as seguintes subsecções:

(a) Âmbito do Plano: O plano de capacidade deve incluir todos os recursos de TI disponíveis na organização. O âmbito do plano enumera assim explicitamente todos os elementos da infra-estrutura informática.

(b) Métodos utilizados: O plano de capacidade utiliza a informação recolhida por vários subprocessos. Por conseguinte, os métodos devem incluir pormenores sobre como e quando esta informação foi adquirida.

(c) Resumo da gestão: O resumo da gestão deve destacar as principais questões, opções, recomendações e custos do plano de capacidade.

(d) Cenários de negócios: É essencial verificar o plano, de acordo com o ambiente empresarial actual e previsto. Por conseguinte, é importante mencionar claramente as previsões empresariais conhecidas, para que os utilizadores possam decidir o âmbito do plano.

3.3.8.2 Resumo do Serviço

A secção de resumo de serviço deve incluir as seguintes subsecções:

(a) Prestação de serviços actual e recente: A prestação de serviços actual e recente inclui as taxas de produção e a utilização dos recursos resultantes. As tendências a curto, médio e longo prazo devem ser explicadas nesta sub-secção.

(b) Previsões de Serviço: As previsões de serviços devem informar sobre novos serviços e o fim dos sistemas herdados.

 3.3.8.3 Resumo dos recursos A secção de resumo dos recursos inclui o seguinte:

(a) Utilização actual e recente dos recursos: A utilização actual e recente de recursos concentra-se na utilização de recursos resultante pelos serviços. Informará, a curto, médio e longo prazo, sobre as tendências na utilização de recursos. Esta informação foi recolhida e examinada pelos subprocessos de gestão de recursos e desempenho dos serviços.

(b) Previsões de recursos: As previsões de recursos concentram-se na utilização provável de recursos resultante das previsões de serviços. Todas as situações empresariais mencionadas no plano devem ser abordadas aqui.

(c) Opções para a Melhoria do Serviço: As opções para a melhoria do serviço contêm opções para a fusão de diferentes serviços, actualização da rede, ajustamento da utilização de recursos ou do desempenho do serviço, aquisição de novo hardware ou software e muito mais.

3.3.8.4 Modelo de custos

Os custos associados às várias opções devem ser mencionados no modelo de custos. Para além do custo actual, o custo estimado da prestação de serviços informáticos deve também ser incluído.

3.3.8.5 Recomendações

Finalmente, o plano de capacidade contém o resumo das recomendações que foram feitas no plano anterior e o seu estatuto. Quaisquer novas recomendações devem também ser aqui mencionadas. As recomendações devem ser quantificadas em termos de:

Os benefícios comerciais esperados.

O possível impacto da execução das recomendações.

Os riscos envolvidos na execução das recomendações.

Os recursos necessários para a execução das recomendações

O custo, tanto para a instalação como para a continuação.

3.3.9 Implementação da Gestão de Capacidade

3.3.9.1 Reunir os dados

Reconhecer um gestor de capacidade e formar uma equipa de gestão de capacidade sob a sua responsabilidade para a implementação. A equipa desempenhará as seguintes responsabilidades (ver Figura 3.3):

A equipa desenvolverá uma declaração de operação que incluirá os objectivos desejados (estado inicial e estado final), processo e vários papéis e responsabilidades de vários membros da equipa presentes na equipa.

A equipa reunirá a informação orçamental da gestão financeira que os informará de quanto orçamento foi atribuído ao processo de gestão da capacidade, para que possam fazer planos em conformidade.

A equipa tem de realizar uma análise de lacunas para descobrir a área que requer formação tanto para os criadores como para os utilizadores finais. E, finalmente, a equipa irá recolher os dados significativos de diferentes fontes fiáveis.

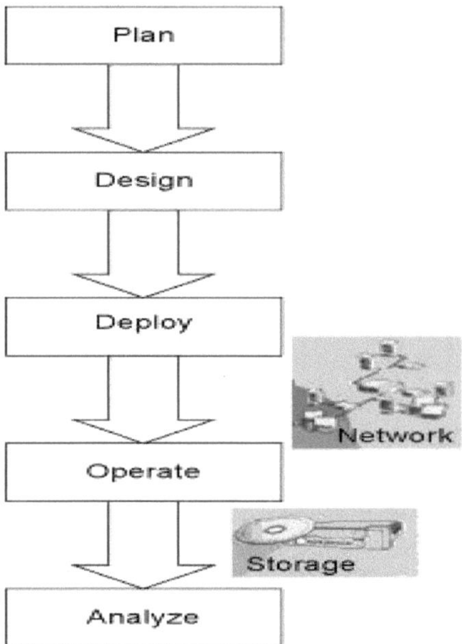

3.3.9.2 Construir o Plano

A segunda fase da implementação da gestão da capacidade é a construção do plano, que consiste nas seguintes etapas:

- Estabelecer as três componentes vitais da gestão da capacidade, ou seja, pessoas, processos e ferramentas.
- Determinar o processo de gestão da capacidade que vai ter lugar na organização para a qual o plano está a ser elaborado.
- Analisar Explicar a entrada de dados do fluxo de trabalho, a saída de informação e o processo de trabalho.

3.3.9.3 Implementação do Plano

A terceira fase da gestão da capacidade está a implementar o plano que foi construído na fase anterior.

Esta fase compreende os seguintes passos:

- Documentar e distribuir o processo, geralmente conhecido como documentação do processo, aos utilizadores finais interessados e aos engenheiros.
- Gerir o desempenho dos recursos para a sua melhor utilização.
- Acompanhar o processo de planeamento da capacidade para as necessidades futuras da organização.
- Preparar modelos, ou seja, publicidade no lançamento de novos produtos ou serviços para os utilizadores.
- Atribuir tempo adequado para a formação dos utilizadores finais.
- Manter uma monitorização contínua da produção para assegurar que o resultado esperado é alcançado.

3.3.9.4 Implementação do processo

A fase final da gestão da capacidade é a implementação do processo. Nesta fase, o plano que foi implementado na fase anterior é verificado quanto à sua regularidade. As etapas nesta fase são as seguintes:

- Reconhecer as mudanças para que o processo possa ser facilmente migrado no futuro.
- Preparar uma matriz significativa, a fim de definir o sucesso da implementação.

3.3.9.5 Pós-Promoção

Uma vez o processo implementado com sucesso, o papel da equipa de capacidade é verificar se o processo está a funcionar bem. Nesta fase, a implantação que foi realizada na última fase é verificada quanto à sua eficiência e é acompanhada pelo resultado desejado.

3.3.10 Papéis e responsabilidade na gestão da capacidade

As várias funções e responsabilidades que são partilhadas pelos membros da equipa de gestão da capacidade são as seguintes:

Proprietário da gestão da capacidade: O proprietário da gestão da capacidade controla todas as actividades e processo de gestão da capacidade. Ele é o chefe e responsável pelas acções da equipa. Além disso, ele atribui várias funções e responsabilidades aos membros da equipa. Ele verifica periodicamente o processo e o seu desenvolvimento.

Pessoal do processo de gestão da capacidade: Realizar todo o trabalho essencial do processo transmitido pelo proprietário do processo de gestão da capacidade.

Auditores de capacidade: Realizam a verificação do plano de capacidade antes da implementação.

Planeador de capacidade: Trabalham directamente sob o proprietário da capacidade de gestão e são responsáveis pela criação do plano para a organização, para que a organização possa calcular as suas necessidades futuras.

3.3.11 Base de dados de capacidade

A base de dados de capacidade (CDB) contém todas as métricas, dados de utilização e outros dados relacionados com a capacidade. É utilizada pela equipa para construir o plano, com o qual a organização decide sobre os seus requisitos de capacidade. Os dados de gestão de desempenho preenchem a CDB.

3.3.12 Relação com outras actividades

3.3.12.1 Com Gestão de Nível de Serviço

A gestão da capacidade trabalha em estreita colaboração com a gestão do nível de serviço e fornece a informação por ela requerida sobre a viabilidade do projecto ou serviço de acordo com os recursos disponíveis na organização. Além disso, a gestão da capacidade informa a gestão do nível de serviço sobre a capacidade interna da organização para que esta possa comprometer o serviço ao utilizador em conformidade.

3.3.12.2 Com Gestão Financeira

A gestão da capacidade notifica a gestão financeira sobre a capacidade actual e os requisitos futuros da organização, de modo a que a gestão financeira possa atribuir orçamento para a gestão da capacidade de aquisição de recursos adicionais, se necessário. Além disso, a gestão da capacidade garante que os recursos são adquiridos da forma mais rentável.

3.3.12.3 Com a Gestão da Disponibilidade

As actividades de gestão da capacidade e disponibilidade estão intimamente relacionadas. Como a gestão da capacidade toma uma decisão sobre a capacidade global da organização, a gestão da disponibilidade assegura que os recursos sejam disponibilizados para o processo no momento da exigência. Portanto, a gestão da capacidade de disponibilidade informa a gestão da capacidade sobre a necessidade de recursos e a gestão da capacidade notifica a gestão da disponibilidade relativamente à capacidade actual da organização.

3.4 IT GESTÃO DA CONTINUIDADE DO SERVIÇO

A gestão da continuidade é um processo que ajuda a pôr em prática os planos de tratamento dos serviços informáticos de uma organização, de modo a que a organização recupere e retome os serviços após uma série de incidentes que afectaram o bom desenrolar do processo. Esta gestão é muito vital para qualquer organização de TI porque, sem a classificação de tais incidentes, não é possível para a organização continuar as operações.

A gestão da continuidade apresenta um quadro à organização que ajuda a desenvolver a infra-estrutura informática responsável pela rápida recuperação do processo. Apoia a continuidade do negócio e os planos de recuperação. O principal trabalho da gestão da continuidade é realizado por um processo que avalia os riscos em vários processos empresariais, e o impacto que estes têm na organização e em outras infra-estruturas de TI.

3.4.1 Processo de Gestão da Continuidade

O processo de gestão da continuidade está representado na Figura 3.4. Consiste basicamente em cinco etapas que são explicadas como se segue. Estas etapas são levadas a cabo para assegurar uma implementação bem sucedida do processo.

O processo de gestão da continuidade envolve as seguintes etapas básicas:

Dar prioridade ao processo empresarial a ser recuperado através da realização de uma análise de impacto empresarial: A principal tarefa da gestão da continuidade é atribuir prioridade aos diferentes processos empresariais de acordo com as suas práticas. A estimativa destes processos é baseada em diferentes análises conduzidas pela gestão da continuidade.

Realizar uma avaliação de risco para cada processo dos serviços de TI para identificar os recursos, ameaças, fraquezas e contramedidas: Uma vez atribuída a prioridade, cabe à direcção reconhecer os riscos envolvidos em cada processo e o seu impacto na organização e nos seus outros processos. É também essencial reconhecer a fraqueza e outras ameaças vulneráveis para um determinado processo, de modo a estabelecer as suas contramedidas para que o seu impacto seja mínimo nos diferentes processos empresariais.

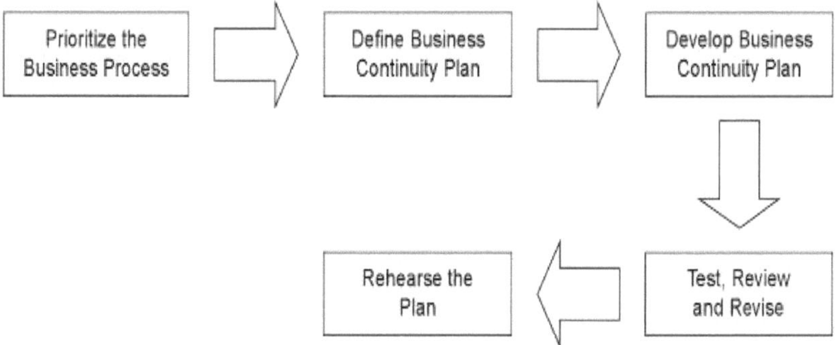

Fazer uma estimativa de todas as alternativas de recuperação:

Organizar uma lista de todos os suplentes disponíveis para recuperar o processo empresarial das ameaças, de modo a que as consequências sejam menores. Uma vez preparadas todas as alternativas, cada uma delas é avaliada para descobrir a mais vantajosa para a resolução do problema.

 Preparar o plano de continuidade:

Depois de todas as alternativas terem sido preparadas e avaliadas, seleccionar a alternativa mais adequada para preparar o plano de continuidade de negócios após a ocorrência de um desastre. O plano deve incluir todas as opções possivelmente necessárias para recuperar o processo da forma mais económica possível.

Testar, rever e rever o plano numa base regular:

A etapa final na gestão da continuidade é testar, rever, rever e modificar o plano de acordo com a condição existente. O plano de continuidade que foi preparado na etapa anterior deve ser testado num ambiente simulado, de modo a verificar se tudo está bem. Além disso, o plano precisa de ser revisto e revisto e, se necessário, alterado de acordo com a situação actual do processo empresarial na organização.

Ensaiar o plano de negócios:

Uma vez que o plano tenha sido implantado com sucesso na organização, a equipa de capacidade necessita de ensaiar o plano num intervalo de tempo regular.

3.4.2 Benefícios da Gestão da Continuidade

- Interrupção mínima dos serviços após o incidente.
- A fiabilidade da organização permanece integral.
- Custo minimizado ligado durante a recuperação da organização e do seu processo.
- Dar a prioridade adequada à recuperação dos serviços de TI para ajudar a restaurar os serviços mais rapidamente.

3.4.3 Actividades Envolvidas na Gestão da Continuidade

- Construir um plano de recuperação de acordo com a experiência passada e o pressuposto futuro da organização.
- Determinar o custo relacionado com diferentes infra-estruturas de acordo com o plano de recuperação.
- Atribuir prioridade aos diferentes processos de recuperação, com base na sua importância na organização.
- Organização da infra-estrutura informática de acordo com a gestão financeira, o que resulta numa recuperação mais rápida do processo empresarial.
- Criação de cópias de segurança do processo e do plano.
- Teste de diferentes planos de gestão de continuidade.
- Dar prioridade às actividades cuja probabilidade de ocorrência é elevada.

3.4.4 Plano de Continuidade de Negócios

Um plano de continuidade empresarial define os passos essenciais para restaurar os processos empresariais após uma interrupção. O plano também reconhecerá os gatilhos para a invocação, pessoas que estão preocupadas, comunicações, etc. Os planos de continuidade dos serviços de TI constituem um ingrediente importante dos planos de continuidade do negócio.

3.4.5 Análise do Impacto nas Empresas

A análise do impacto empresarial é o processo de gestão da continuidade empresarial que reconhece as funções vitais do negócio e a sua dependência. Estas dependências envolvem fornecedores, pessoas, outros processos empresariais, serviços de TI, etc.

Descreve os requisitos de recuperação para os serviços de TI. Estes requisitos de recuperação incluem objectivos de tempo de recuperação, objectivos de pontos de recuperação e objectivos de nível de serviço mínimo para cada serviço de TI.

3.4.6 Plano de Continuidade do Serviço de TI

Um plano de continuidade de serviços define os passos necessários para recuperar um ou mais serviços informáticos. Este plano também identifica os gatilhos para a invocação, pessoas a serem envolvidas, comunicações, etc. Deve fazer parte de um plano de continuidade de negócios.

3.4.7 Relação com outras actividades

3.4.7.1 Com Gestão de Nível de Serviço

A gestão do nível de serviço notifica a gestão da continuidade com os compromissos de serviço informático de acordo com o SLA e OLA. A função da gestão da continuidade é restaurar estes serviços o mais rapidamente possível, de acordo com o SLA, de modo a que não haja nenhuma ou mínima perturbação nos serviços oferecidos ao cliente. A gestão do nível de serviço também ajuda a gestão da continuidade a encontrar a prioridade certa dos serviços de acordo com o SLA.

3.4.7.2 Com Gestão Financeira

A gestão financeira atribui orçamento à gestão de continuidade para que esta possa fazer um plano de continuidade e recuperar serviços de acordo com o SLA. Estes planos são testados em ambiente simulado, de modo a verificar a sua eficiência.

3.4.7.3 Com Gestão de Capacidade

A gestão da capacidade tem uma relação estreita com a gestão da continuidade. Enquanto que a primeira assegura que os recursos estão lá, de acordo com a exigência do plano, para que a segunda seja capaz de continuar o serviço acordado com o seu cliente.

3.4.7.4 Com a Gestão da Disponibilidade

A gestão da continuidade tem uma forte relação com a gestão da disponibilidade. A última assegura que os recursos estão disponíveis para o processo em situações normais, onde como a primeira assegura que os recursos são disponibilizados no momento da crise. A gestão da continuidade planeia de acordo com a disponibilidade necessária dos serviços.

3.5 GESTÃO FINANCEIRA

A gestão financeira é a disciplina que assegura que a infra-estrutura informática necessária para cumprir os serviços empenhados seja adquirida da forma mais rentável. Também é utilizada para estimar o custo da prestação de serviços de TI ao seu cliente. Esta gestão é responsável pela atribuição de orçamento suficiente para as diferentes actividades de gestão de uma organização, para que estas possam funcionar sem problemas. O processo de gestão financeira de TI torna viável a distribuição prática dos custos necessários para os serviços de TI e a aquisição de informação para avaliar opções, gerir o consumo e perceber o verdadeiro valor das infra-estruturas e serviços de TI. A criação de consciência entre fornecedor e gestão de recursos resulta em oportunidades de optimização financeira e ajuda a construir processos de recuperação de custos que ajudam a organização a fazer julgamentos rentáveis. A combinação deste conhecimento com metodologias de recuperação reconhecidas numa plataforma de recuperação de custos permite a governação e a responsabilização, e oferece uma alternativa para o conhecimento dos custos, contratos e utilizações, permitindo a uma organização de TI alcançar uma maior compreensão dos factores necessários para fazer preferências económicas. A utilização da gestão financeira das TI permite ao gestor do serviço identificar a quantidade de soma que está a ser gasta em contramedidas de segurança. O montante que está a ser gasto nestas contra-medidas é necessário para ser razoável. Os riscos e as possíveis perdas que o serviço poderia sofrer são documentados durante uma avaliação de impacto empresarial e uma avaliação de risco. A gestão destes custos irá eventualmente reflectir sobre o custo da prestação dos serviços informáticos aos utilizadores finais e potencialmente o que é cobrado na recuperação destes custos. A prática da gestão financeira ajuda a organização a reconhecer a quantidade de soma que está a ser gasta com a segurança e serviços, de modo a que vários serviços de TI na organização possam continuar.

3.5.1 Requisitos de Gestão Financeira

A gestão financeira é essencial para o bom funcionamento da organização. Há várias tarefas que são cuidadas pela gestão financeira de uma organização. A gestão financeira é essencial, de modo que

- Há uma atribuição apropriada de orçamentos aos diferentes departamentos.
- O custo de funcionamento da organização pode ser estimado, controlado e calculado.
- A infra-estrutura informática poderia ser montada da forma mais rentável.
- Não há nenhum projecto ou processo que seja deixado de fora devido à falta de fundos em qualquer uma das actividades de gestão.
- Toda a informação financeira, incluindo receitas e despesas, pode ser gerida adequadamente e é apresentada como e quando necessário.
- A afectação de custos é simplificada, ajudando a organização, de modo a dar visibilidade às estruturas de custos e optimizar a gestão de recursos.

3.5.2 Custo da Gestão Financeira

A gestão financeira está dividida nos seguintes custos:

Custo do equipamento: O custo do equipamento é o custo que está associado a diferentes pagamentos de serviços e infra-estruturas de TI. Envolve o custo associado com a compra e manutenção de várias infra-estruturas informáticas numa organização.

Custo do hardware e do software: Este é o custo associado à compra e manutenção de diferentes recursos licenciados de hardware e software na organização.

Custo de organização: É o custo associado aos membros do pessoal. Envolve o salário do funcionário, as suas horas extraordinárias, transporte, alojamento e outras instalações ou incentivos dados por uma organização aos seus membros do pessoal. Uma grande parte da gestão financeira é gasta em custos de organização.

Custo de transferência: Isto inclui o custo de serviços de terceiros, tais como externalização, corretagem, etc.

3.5.3 Principais actividades de gestão financeira

Atribuição de orçamentos a diferentes projectos e processos para que nenhum seja deixado de fora.

Fornecer à gestão de alto nível informações sobre finanças, ou seja, despesas, rendimentos e outros custos associados à gestão financeira.

Prestação de serviços de contabilidade.

Verificação das facturas de diferentes actividades de gestão e vendedores.

Realização de processos de auditoria para verificar os detalhes das finanças.

3.5.4 Retorno do investimento

O retorno do investimento (ROI) é determinado como o desempenho de qualquer investimento, ou seja, a perda ou ganho incorrido pela organização num determinado investimento no desenvolvimento ou prestação de um serviço ao utilizador. Pode ser ilustrado como a relação entre a perda ou lucro de um investimento e o montante de dinheiro que foi investido. Consequentemente, matematicamente, o ROI pode ser definido como:

$$ROI = \frac{\text{Return from Investment} - \text{Money Invested}}{\text{Money Invested}} \times 100$$

A correcção das estimativas para o ROI é muitas vezes contestada. Para melhorar a aceitação destes cálculos de ROI, é essencial compreender o negócio determinando os retornos e a forma como estes devem ser medidos. O retorno tem de ser considerado ao longo de um período acordado. Para algumas organizações, isto poderia ser de 12 meses. Para outras, poderia ser entre 5 e 10 anos.

3.5.5 Período de reembolso

O período de retorno é o período de tempo necessário para recuperar o custo primário do investimento num projecto. Matematicamente, pode ser resumido como:

$$\text{Payback Period} = \frac{\text{Cost of Projects}}{\text{Annual Cash Inflow}}$$

3.5.6 Custo total de propriedade

O custo total de propriedade (TCO) é definido como o custo total de aquisição e manutenção do processo numa organização.

3.5.7 Retorno do capital

Os accionistas empregados e potenciais investidores numa organização estão muito interessados em conhecer uma determinada relação, ou seja, o retorno do capital empregado (ROCE).

$$ROCE = \frac{\text{Net Profit Before Tax and Interest}}{\text{Total Assests Less Current Liabilities}}$$

Esta relação é frequentemente utilizada por analistas de negócios para rever a eficácia da organização como um todo. Quaisquer alterações aos serviços ou produtos seriam normalmente esperadas para melhorar este rácio e, portanto, o ROCE calculado para projectos propostos deve ser superior ao ROCE global da organização. A utilização do ROCE permite a comparação de diferentes oportunidades de investimento de uma forma razoável e representa a eficácia com que uma organização gera receitas a partir dos seus activos.

3.5.8 Benefícios da Gestão Financeira

 Estimativa adequada dos custos dos serviços informáticos: A gestão financeira ajuda a organização a calcular aproximadamente os preços correctos e justos dos serviços que são oferecidos ao seu cliente, de modo a ter um lucro razoável na prestação dos serviços.

 Revisão da estrutura de custos após um intervalo de tempo fixo: A gestão financeira também ajuda a organização a reconhecer e rever o custo dos serviços oferecidos. Assegura que o custo actual associado a um processo após uma duração fixa é realista no cenário actual. Caso contrário, revê o custo.

Melhoria do planeamento orçamental e da atribuição de fundos: A gestão financeira ajuda a organização a preparar adequadamente o seu orçamento para que haja uma atribuição razoável de fundos a cada processo da organização. Com isto, assegura também que nenhum do processo seja deixado sem afectação de fundos.

3.5.9 Processo de Gestão Financeira

Para além da atribuição e gestão de fundos, o processo de gestão financeira envolve as seguintes actividades:

- Aplicação de políticas, processos e procedimentos de gestão financeira de TI alinhados com o ITIL.
- Designar um proprietário entusiasta do processo de gestão financeira para gerir o processo.
- Executar práticas eficazes e eficientes de planeamento e orçamento de TI.
- Cobrança precisa e eficiente de TI e recuperação de custos para serviços de TI.
- Contabilidade correcta das despesas e receitas de TI.
- Relatórios e documentação de custos e receitas de TI numa base regular.
- Auditorias periódicas de informação financeira informática para assegurar a exactidão.

3.5.10 Relação com outras actividades

3.5.10.1 Com Gestão de Capacidade

A gestão financeira fornece informação à gestão da capacidade com base na qual decide comprar novos recursos. A gestão financeira tem de atribuir fundos à gestão da capacidade de acordo com a exigência do plano de continuidade de negócios. A gestão da capacidade tem de funcionar e preparar o plano com os fundos atribuídos fornecidos pela gestão financeira.

3.5.10.2 Com a Gestão da Disponibilidade

A relação com a gestão da disponibilidade é comparável à da gestão da capacidade, em que a direcção toma a decisão de comprar novos recursos para os serviços futuros e em curso. Além disso, se os recursos não estiverem disponíveis para apoiar um determinado processo na organização, então a gestão financeira tem de atribuir os fundos para os custos de transferência ou para a compra.

3.5.10.3 Com Gestão de Nível de Serviço

A gestão financeira consulta a gestão a nível de serviços relativamente aos serviços por ela oferecidos, de modo a satisfazer os custos dos projectos actuais e futuros e os requisitos comerciais. Consequentemente, a gestão financeira atribui fundos aos vários serviços. É também tarefa da gestão financeira assegurar que todos os serviços que estão a funcionar de acordo com o SLA tenham fundos suficientes para que possam funcionar sem problemas.

3.5.10.4 Com a Gestão da Continuidade

A gestão financeira tem uma forte relação com a gestão de continuidade. A gestão financeira monitoriza, verifica o plano de continuidade de negócios feito pela gestão de continuidade e, assim, atribui fundos suficientes para que a gestão de continuidade seja capaz de executar o plano no momento da crise.

3.6 GESTÃO DA DISPONIBILIDADE

A gestão da disponibilidade é responsável por decidir os requisitos dos principais serviços e sistemas informáticos da organização, tal como mencionado no SLA, da forma mais rentável possível. O objectivo da gestão da disponibilidade é assegurar que qualquer serviço informático em particular cumpre a sua função de forma consistente e constante, da forma mais rentável possível.

A gestão da disponibilidade significa o seguinte:

- O reconhecimento dos principais sistemas e serviços de TI da organização.
- Descrever os requisitos de disponibilidade para sistemas e serviços chave.
- Trabalhar para assegurar que os requisitos de disponibilidade sejam satisfeitos da forma mais rentável possível.
- Relatórios, documentação, monitorização e melhoria da disponibilidade de TI da organização e do processo.

3.6.1 Benefícios da Gestão da Disponibilidade

Os benefícios da gestão de disponibilidade são os seguintes:

- Os recursos são colocados à disposição de todos os processos da organização.
- O custo associado aos recursos que, por sua vez, está relacionado com processos diferentes é aceitável.
- Em circunstâncias em que há indisponibilidade de recursos, a gestão da disponibilidade sugere uma alternativa ou toma as medidas necessárias.

Os padrões de disponibilidade são cumpridos e melhorados.

Os serviços são disponibilizados para as infra-estruturas de excepção que são essenciais para a realização do SLA.

3.6.2 Actividades de Gestão da Disponibilidade

- As actividades de gestão de disponibilidade incluem o seguinte:
- Assegurar que a disponibilidade do serviço se encontra em conformidade com o SLA.
- Descobrir as razões das falhas de disponibilidade.
- Avaliar os requisitos comerciais para a disponibilidade de sistemas comerciais.
- Catalogação e classificação dos requisitos comerciais.
- Assegurar a existência de planos de contingência adequados com documentação e testes apropriados.
- Estabelecer sistemas redundantes e de alta disponibilidade para manter aplicações de missão crítica.

3.6.3 Tarefas de Gestão da Disponibilidade

3.6.3.1 Medição e Relatórios

A medição da disponibilidade e relação de disponibilidade concreta juntamente com os requisitos empresariais é uma actividade completamente essencial para cada serviço chave oferecido pela organização. A gestão da disponibilidade, além disso, analisa de perto várias falhas em sistemas-chave do ponto de vista empresarial, subindo de posição e documentando a consequência de cada incidente empresarial. Para medir e comunicar a disponibilidade, podem ser aplicadas as seguintes métricas:

(a) Tempo médio de reparação (tempo de paragem) ou MTTR: O tempo médio de reparação é o tempo típico de reparação de um item de configuração ou serviço informático subsequente a uma falha. É calculado a partir de quando o item de configuração ou serviço TI falha até ser reparado e entrar em funcionamento. Não tem em conta o tempo necessário para recuperar ou restaurar os serviços. Basicamente, MMTR é o período de tempo que decorre entre a detecção de um incidente e a sua restauração. Consiste em incidente, detecção, diagnóstico, reparação, recuperação e restauro.

(b) Tempo médio entre falhas (Uptime) ou MTBF: o tempo médio entre falhas é a métrica para calcular, relatar e documentar a fiabilidade. É o tempo médio que um item de configuração ou serviço informático pode completar a sua função estabelecida sem interrupção. É o tempo medido desde quando o item de configuração ou o serviço TI começa a funcionar, até à próxima falha. É o período de tempo que decorre entre a restauração do serviço e um novo incidente.

(c) Tempo médio para restaurar o serviço ou MTRS: O tempo médio para restaurar serviços é o tempo médio necessário para restaurar um item de configuração ou serviço TI após uma falha ter ocorrido. É medido desde o momento em que o item de configuração ou serviço TI falha até que sejam totalmente restaurados e comecem a entregar a sua funcionalidade, nem a sua mal funcionalidade novamente.

(d) Tempo médio entre incidentes do sistema ou MTBSI: O tempo médio entre incidentes do sistema é uma métrica que é utilizada para calcular e relatar a fiabilidade. É o tempo médio desde quando um sistema empresarial ou serviço informático falha, até à próxima falha. Também pode ser definido como o período de tempo que decorre entre dois incidentes.

Matematicamente, o MTBSI pode ser representado como,

$$MTBSI = MTTR + MTBF.$$

3.6.3.2 Melhorar a Disponibilidade

Os relatórios preparados com base nas métricas acima mencionadas ajudarão a determinar onde a disponibilidade precisa de ser melhorada e também através da utilização de recursos de informação chave presentes na organização, tais como registos de incidentes e problemas, e base de dados de gestão de configuração. Os relatórios ajudam basicamente na investigação de componentes que foram responsáveis por falhas de TI na organização geralmente referidas como o ponto único de falha (SPOF). O reconhecimento de componentes substitutos do SPOF é uma parte da gestão da disponibilidade, que visa particularmente a redução de falhas. Com este conhecimento, a organização gera um plano de acção prioritário para a melhoria da disponibilidade na organização, alterando ou modificando a infra-estrutura de TI para oferecer níveis mais elevados de fiabilidade.

3.6.3.3 Abordagem da disponibilidade como um requisito

A gestão da disponibilidade tenta assegurar que a disponibilidade adequada é medida na oportunidade inicial ao conceber ou adquirir novos sistemas e recursos informáticos, ou ao actualizar e alterar os sistemas e recursos existentes. Em geral, os custos de retrospectividade juntamente com os custos de fiabilidade são factores muito mais simples no momento da concepção.

3.6.3.4 Relatórios sobre a Disponibilidade

A comunicação da disponibilidade deve sempre reflectir a experiência autêntica do utilizador. Na prática, isto aplica-se a um foco para a elaboração de relatórios sobre o serviço tão completo como o contraste com os componentes que fornecem o vício de ser. Para os utilizadores finais, os factores importantes que afectam a sua percepção da disponibilidade são os seguintes: Intervalo de tempo de incidentes que resultam na indisponibilidade de serviços e recursos. A frequência com que tais incidentes ocorrem na organização para um determinado serviço. Intervalo de tempo e frequência da manutenção planeada após o incidente ter ocorrido e afectado o serviço. A escala e âmbito do impacto do incidente sobre o serviço oferecido. A análise da disponibilidade fundamental como percentagem é simples. Isto pode ser feito através dos seguintes cálculos:

$$\text{Availability} = \frac{\text{TST} - \text{DT}}{\text{TST}} \times 100$$

onde, TST é o tempo total de serviço provável o período para o qual o cálculo está a ser feito. DT é o tempo real de paragem registado durante o período para o qual o cálculo está a ser feito.

3.6.4 Princípios de Gestão da Disponibilidade

3.6.4.1 Núcleo de Satisfação do Utilizador Final da Empresa

As organizações de tecnologia da informação são responsáveis pela satisfação dos seus clientes, simplesmente preenchendo os requisitos mencionados no SLA, para que isso aconteça, os recursos devem ser disponibilizados - capazes de diferentes processos e projectos, o que é o trabalho de gestão de disponibilidade. Assim, ao fornecer as infra-estruturas e recursos necessários exigidos pelo processo para a sua conclusão, a gestão da disponibilidade satisfaz indirectamente o seu cliente.

3.6.4.2 Reconhecendo que quando as Coisas Corriam Mal

Ao identificar os recursos ou infra-estruturas que podem dificultar o processo da organização, as falhas podem ser reduzidas. Além disso, as falhas podem ser reduzidas através da descoberta de infra-estruturas adequadas que possam substituir as infra-estruturas existentes para um determinado processo.

3.6.5 Relação com outras actividades

3.6.5.1 Com Gestão de Nível de Serviço

A gestão da disponibilidade assegura que os recursos são disponibilizados de acordo com o SLA e OLA. É também da responsabilidade da gestão da disponibilidade preparar e fornecer os recursos alternativos, caso os recursos necessários falhem.

3.6.5.2 Com Gestão Financeira

A gestão da disponibilidade assegura que os recursos são disponibilizados aos processos da forma mais rentável. Assegura a concessão de fundos para recursos de modo a que possam ser comprados para diferentes projectos e processos. A gestão financeira supervisiona e controla a gestão da disponibilidade de modo a que não sejam comprados recursos desnecessários. A gestão da disponibilidade juntamente com a gestão financeira tenta descobrir uma saída para recuperar o custo gasto, caso exista.

3.6.5.3 Com a Gestão da Continuidade

A gestão da disponibilidade assegura que os recursos são disponibilizados para o processo após uma série de incidentes que afectaram a organização na continuidade do processo, ou seja, os recursos estão disponíveis para diferentes processos de acordo com o plano de continuidade do negócio. A gestão da disponibilidade trabalha em estreita colaboração com a gestão da continuidade, actualizando-a com a posição actual dos recursos disponíveis, de modo a que a gestão da continuidade possa fazer o plano de continuidade do negócio em conformidade.

3.6.5.4 Com Gestão de Capacidade

A gestão da disponibilidade e a gestão da capacidade estão intimamente relacionadas. Se um for afectado, o outro será automaticamente afectado. Estas duas direcções trocam frequentemente as suas necessidades e informações de tal forma que a gestão da disponibilidade poderia ser considerada como a parte da gestão da capacidade. A gestão da disponibilidade tem de utilizar recursos para processos de acordo com a capacidade interna da organização. Além disso, a gestão da capacidade tem de manter a capacidade interna de recursos de acordo com os requisitos actuais.

3.6.6 Sete R's de Gestão da Disponibilidade

O objectivo da gestão de disponibilidade é aproveitar ao máximo o tempo de funcionamento dos diferentes sistemas em linha pelos quais é responsável. Há numerosas abordagens que podem ser utilizadas para maximizar a disponibilidade nos fundos atribuídos. Uma vez que todas estas abordagens começam com a letra 'R', são conhecidas como os sete R's da gestão de disponibilidade.

(i) Redundância: Redundância significa a duplicação de componentes significativos de um sistema para assegurar a fiabilidade em geral no caso de backups. Os analistas do sistema estão a utilizar redundância nos seus produtos sob a forma de fonte de alimentação redundante, múltiplos processadores e discos de armazenamento. Em suma, os analistas de sistema estão a tentar remover quaisquer possíveis falhas que possam perturbar a disponibilidade de vício numa organização.

(ii) Reputação: Reputação refere-se aos desempenhos passados de uma organização e dos seus principais fornecedores. A reputação dos principais fornecedores desempenha um papel significativo ao mesmo tempo que se alcança a disponibilidade para uma organização. Um relatório de diferentes peritos da indústria e clientes ajuda a construir a reputação da organização.

(iii) Fiabilidade: Fiabilidade é a capacidade dos componentes e codificação que vai para o produto. A fiabilidade de diferentes componentes, tais como hardware ou software, pode ser verificada e fixada a partir do feedback do cliente e dos analistas da indústria. Os relatórios dos analistas da indústria também ajudam a definir a fiabilidade dos componentes.

(iv) Reparabilidade: A reparabilidade descreve a rapidez e facilidade com que os fabricantes e desenvolvedores podem reparar os bugs ou erros que se infiltraram no produto ou substituir as partes defeituosas do produto. Basicamente, a reparabilidade define o esforço relativo através do qual os técnicos de serviço são capazes de resolver, substituir ou reparar quaisquer peças defeituosas de um produto ou processo. A reparabilidade pode ser calculada através da definição:

Quanto tempo leva a fazer a reparação propriamente dita.

Com que frequência se repetemos trabalhos de reparação.

(v) Recuperabilidade: Recuperabilidade refere-se à capacidade de superar uma falha temporária, de modo a que não haja impacto ou impacto minimizado sobre os serviços da organização. A recuperabilidade assegura que o impacto de uma falha no serviço do utilizador final é minimizado após uma falha ter sido encontrada. Através da assistência da recuperabilidade, a organização é capaz de recuperar rapidamente de tais falhas e incidentes.

(vi) Capacidade de resposta: A capacidade de resposta representa o sentido de urgência das pessoas envolvidas no processo durante a crise. Isto significa como as pessoas são capazes de responder às falhas de uma organização. Isto envolve fornecedores bem treinados e apoio interno da pessoa que pode responder ao problema de forma rápida e eficiente.

(vii) Robustez: A robustez representa quão poderoso é o sistema para resistir a qualquer tipo de problemas ou situações que ocorrem numa organização. Para que uma organização seja robusta, o seu processo deve ser planeado de tal forma que, em situações de crise, possam encontrar sem esforço a alternativa de modo a que os serviços não sejam afectados. O processo tem de ser eficiente e robusto para resistir tanto a falhas internas como externas.

3.6.7 Indisponibilidade

Um serviço de TI é suposto não estar disponível para um cliente se os trabalhos de que o cliente necessita nesse local específico não puderem ser geridos sob as condições decididas. A indisponibilidade pode também ser descrita como uma situação em que uma organização não é capaz de oferecer os recursos necessários ao processo acordado, e tem de recorrer à assistência de um terceiro para assegurar a conclusão do trabalho.

Capítulo - 04

GESTÃO DE SERVIÇOS DE APOIO

4.1 INTRODUÇÃO

A gestão do serviço de apoio consiste em responder às modificações ou mudanças incluídas nos serviços da organização. Concentra-se nas características dos serviços e processos informáticos. O processo de apoio ao serviço descreve o funcionamento diário e o apoio dos serviços de TI na organização. Tanto o suporte de serviço como os processos de prestação de serviços estão ligados entre si através do balcão de serviço. O balcão de serviço funciona como um único ponto de contacto entre os dois serviços, fornecendo informações a cada um deles. Os utilizadores e os serviços TI da organização estão também ligados em conjunto com o balcão de serviço. A gestão do serviço de apoio está essencialmente ligada à mudança e aos serviços actuais da organização que a prestação de serviços promete aos utilizadores finais. Esta gestão assegura que todas as alterações que são aplicadas aos serviços em curso são verificadas, testadas e documentadas antes de serem implementadas, e após a implementação são informadas ao utilizador final pelo balcão de serviço.

4.2 PROCESSO DE APOIO AO SERVIÇO

O processo de apoio ao serviço é a prática de diferentes disciplinas, o que permite à organização oferecer diferentes serviços de TI aos seus utilizadores finais. Sem o processo de apoio ao serviço, a organização não será capaz de apresentar os serviços TI que prometeu aos seus utilizadores. Todos os processos de apoio ao serviço têm objectivos diferentes, dependendo das áreas de prestação de serviços que abordam. Todos estes processos de apoio ao serviço são independentes uns dos outros, contudo, podem desencadear outro processo. O processo ilustra o funcionamento e o apoio diários dos serviços de TI. Preocupa-se essencialmente com as questões relacionadas com o serviço que são oferecidas pela organização ao seu cliente. O processo inclui um conjunto de cinco actividades de gestão diferentes que trabalham em conjunto para fornecer serviços acordados ao seu utilizador e também regulam qualquer mudança necessária para tornar o serviço melhor e mais eficiente.

Os diferentes processos de apoio ao serviço são os seguintes:

- Gestão da configuração
- Gestão de incidentes
- Gestão de problemas
- Gestão de mudanças
- Gestão de lançamento

Os serviços são independentes mas estão relacionados uns com os outros e muitas vezes desencadeiam o outro. A relação entre os vários processos pode ser representada na figura.

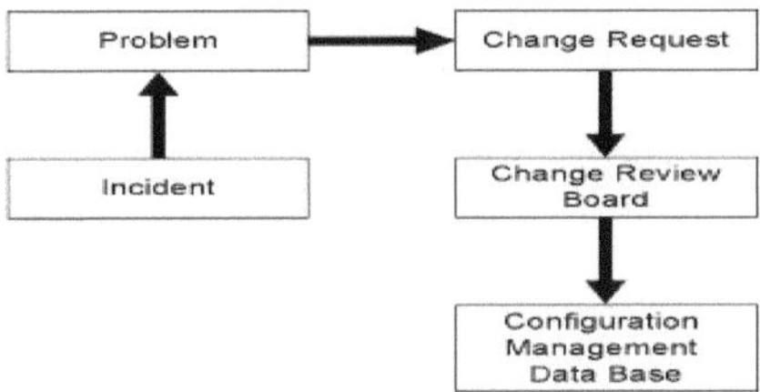

4.3 GESTÃO DA CONFIGURAÇÃO

A gestão da configuração é um processo que assegura a inter-relação de vários processos, infra-estruturas, hardware e software. Também assegura que a documentação apropriada de hardware e software esteja disponível dentro da organização. É um processo que reconhece e define diferentes itens de configuração implantados numa organização. Inclui o seu acompanhamento, avaliando o seu pedido de mudança e verificando o grau de correcção destes itens de configuração. Também assegura que estes itens estão presentes na base de dados e cada um destes itens foi devidamente documentado.

4.3.1 História

A gestão da configuração começou a existir nos anos 70. Era uma arquitecturacom várias camadas, com cada camada a definir um trabalho de gestão separado. A camada primária é a configuração de hardware que inclui tanto a interligação lógica como física do dispositivo. A camada subsequente é a da configuração do sistema operativo, que envolve os diferentes níveis de sistemas operativos. A terceira e última camada é a de configuração de software de aplicação, que mantém um olho na nova versão do software e nas suas versões.

4.3.2 Tarefas de Gestão da Configuração

A gestão da configuração compreende várias tarefas a fim de ser implementada com sucesso numa organização. As tarefas são as seguintes:

4.3.2.1 Planeamento

A primeira tarefa da gestão da configuração é o planeamento. O plano de configuração deve ser detalhado. Normalmente, o plano de gestão da configuração deve ter o seguinte:

A finalidade, âmbito e objectivo do plano de gestão da configuração devem ser inequívocos e compreensíveis.

A organização deve identificar claramente quais os benefícios que serão realizados e qual o trabalho que se enquadra no plano.

As políticas, responsabilidades, regras e regulamentos associados devem ser claramente confirmados que irão reger o trabalho específico na organização.

A hora programada para cada processo deve ser claramente indicada.

Neste contexto, a hora de início do processo, bem como a hora de fim de um determinado processo, devem ser claramente indicadas.

Os papéis e responsabilidades de cada membro do grupo devem ser claramente definidos, para que cada um saiba quais os papéis e responsabilidades que tem de desempenhar.

O item de configuração (CI) que nomeia a convecção deve ser apropriado e uniforme. Isto ajuda na declaração inequívoca dos itens, para que não haja confusão ou outro nome para o mesmo item.

4.3.2.2 Identificação

O passo seguinte após o planeamento é a identificação que envolve a identificação, documentação e registo de cada item de configuração listado na base de dados de gestão da configuração.

Reconhecer a estrutura de configuração de cada item de configuração.

Identificar a associação do item de configuração e a sua documentação. Se dois itens de configuração estiverem relacionados, então devem ser colocados juntos.

Atribuir e identificar diferentes versões de vários itens de configuração e cada versão deve ser registada na base de dados de gestão da configuração.

4.3.2.3 Controlo

O passo seguinte após a identificação é o controlo, que assegura que apenas os itens autênticos são registados na base de dados.

 Organizar de modo a que apenas as IC genuínas sejam adicionadas à base de dados depois de ter sido feita a documentação apropriada.

 4.3.2.4 Contabilidade de estado

Após o controlo, o passo seguinte é a contabilidade de estado, que assegura a recodificação adequada da gestão da configuração.

Registar todos os dados actuais e passados relativos ao item específico de configuração, de modo a que os detalhes de cada item de configuração estejam disponíveis para os utilizadores.

O registo de cada item de configuração deve incluir o número de versão, estado, período de validade e detalhes de reparação do item em particular.

4.3.2.5 Verificação e Auditoria

A etapa final e conclusiva da gestão da configuração consiste em realizar auditorias periódicas dos registos, de modo a verificar se os registos presentes na base de dados são autênticos e correctos.

 Para verificar e confirmar que os registos são devidamente adicionados na base de dados. A auditoria periódica ajuda a organização a descobrir qualquer registo não compatível na base de dados. Esta é uma característica significativa deste procedimento, pois verifica que os itens presentes na base de dados estão correctos e são adicionados após a devida documentação ter sido feita.

 4.3.3 Item de configuração

Os itens de configuração (CIs) são componentes importantes da infra-estrutura informática de uma organização. Os itens de configuração são a componente conceptual estrutural fundamental da gestão da configuração. Todos os itens de figuração são mencionados no CMDB, independentemente do seu tamanho, estrutura ou unidade. Estes itens são registados na base de dados com o seu número de versão, estado, período de validade e reparação (se houver).

4.3.4 Base de Dados de Gestão da Configuração Base de Dados de Gestão da Configuração (CMDB) é a base de dados que contém informações ligadas a todos os componentes de um sistema de informação. No ITIM, o conteúdo da CMDB corresponde à configuração autorizada do componente importante do ambiente informático.

O CMDB documenta CI e os seus atributos significativos e a relação que existe entre eles. O CMDB ajuda uma organização a compreender a relação entre os diferentes IC e a segui-los. O CMDB é um elemento essencial da estrutura ITIL e do processo de gestão da configuração.

4.3.5 Métodos para melhorar o processo de gestão da configuração

(a) Selecção de um Proprietário de Processo Qualificado: Para continuar o processo de gestão da configuração, é necessário um proprietário de processo qualificado que tenha um forte conhecimento da disposição da organização, componentes de rede, hardware e software e várias outras infra-estruturas do sistema. Ele deve ser uma pessoa capaz de lidar com os problemas de forma eficiente decorrentes da gestão da configuração.

(b) Obtenção da Assistência de um Escritor Técnico/ Analista de Documentos: A organização pode utilizar a ajuda de um redactor técnico para preparar relatórios ou de um analista de documentos que possa gerar e ilustrar diagramas e fluxogramas que são essenciais para a documentação. Com a assistência dos redactores técnicos, os relatórios e documentos serão concisos, claros e correctos e serão capazes de explicar a exigência de gestão da configuração.

(c) Comparar os antecedentes do Escritor Técnico com o Relatório Técnico: Quanto mais o fundo do redactor técnico for comparado com o relatório técnico, melhor será o relatório ou documento final. É melhor que a organização escolha uma pessoa que esteja familiarizada com os aspectos técnicos dos relatórios, bem como que tenha experiência no campo semelhante, de modo a que os relatórios consequentes sejam muito mais precisos.

(d) Determinar a Qualidade e o Valor da Documentação de Configuração Presente: Medir a documentação existente do item de configuração pode ajudar a obter também uma grande quantidade de conhecimentos, bem como o valor correcto dos documentos antigos. Estes relatórios preparados a partir dos documentos antigos serão também úteis para descobrir que documento é importante para a organização e que bem possuem no futuro. Além disso, ao determinar a qualidade destes documentos antigos é possível que o mesmo documento seja reutilizado para os novos itens de configuração, e assim, poderia poupar muito dinheiro, bem como tempo da organização.

(e) Escolher Fornecedor Apropriado de Hardware e Software: A organização deve escolher um fornecedor de alta qualidade, de modo a garantir que não haja dificuldades devido aos itens configurados. Um fornecedor de alta qualidade irá assegurar e fornecer o seguinte:

A qualidade da mercadoria é boa.

Estão a ser fornecidos documentos apropriados com os componentes.

É prestado qualquer tipo de assistência na instalação dos componentes.

É também fornecido qualquer tipo de reparação ou manutenção.

(f) Organização da Documentação antes da Mudança Principal de Hardware e Software: A coordenação prévia antes de qualquer modificação importante assegura que não há grandes problemas enquanto as alterações são realizadas numa organização. Além disso, também ajudará a organização a poupar tempo e dinheiro. Este passo irá também prever as maiores dificuldades que podem surgir enquanto as alterações estão a ser levadas a cabo, de modo a que sejam tomadas as devidas precauções.

4.3.6 Vantagens da Gestão da Configuração

As vantagens da gestão da configuração são as seguintes:

Ajuda na manutenção de hardware e software de alta qualidade e adequados na organização.

Ajuda a afirmar e clarificar as funções e responsabilidades de vários empregados que participam no processo de gestão da configuração.

Diminuição dos custos, evitando a replicação de itens de configuração no CMDB.

Restabelecimento mais rápido dos serviços após uma catástrofe.

4.3.7 Custo da gestão da configuração

Os diferentes custos relacionados com o ciclo de vida da gestão da configuração podem ser resumidos em três aspectos principais - despesas, pessoas e tempo.

(i) Despesa: Consiste no custo que é necessário para comprar novo hardware e software para construir uma base de dados de gestão de configuração. Isto representa geralmente mais de 30% do custo global que está relacionado com a gestão da configuração. Quanto maior for o número de hardware e software adquirido, maior será o aumento deste segmento.

(ii) Pessoas: Consiste no custo que é igual ao custo dos empregados empregados na organização e depende fundamentalmente do tamanho da organização. Quase constitui mais de 50% do custo global que está relacionado com a gestão da configuração. Este custo inclui basicamente o seu salário, horas extraordinárias e outros incentivos dados por uma organização aos seus empregados.

(iii) Tempo: consiste no custo que é equivalente ao tempo utilizado pela gestão da configuração para iniciar o seu processo. A sua percentagem não é muito elevada e varia geralmente de 5 a 10 por cento do custo global que está relacionado com a gestão da configuração.

4.3.8 Relação com Outras Gerências

4.3.8.1 Com a Gestão da Disponibilidade

A gestão da disponibilidade está fortemente associada à gestão da configuração. Procura na base de dados da gestão de figuração para avaliar os itens de configuração disponíveis, de modo a tomar decisões para satisfazer os utilizadores, de acordo com o acordo de nível de serviço. A gestão da configuração informa sobre as características operacionais e técnicas dos diferentes itens à gestão da disponibilidade, de modo a poder escolher o item capaz de satisfazer os seus requisitos.

4.3.8.2 Com a Gestão da Mudança

A gestão da mudança, sempre que decidir mudar alguma coisa na organização, tem de solicitar à gestão da configuração que verifique as versões e o software e hardware mais recentes. Tem de verificar o que todos os componentes estão presentes na base de dados de gestão da configuração e que impacto terá como resultado da alteração. A gestão da alteração aprova diferentes alterações e informa a gestão da configuração relativamente às alterações relacionadas com os itens de configuração. Além disso, as alterações devem ser reflectidas na base de dados da gestão de configuração.

4.3.8.3 Com a Gestão da Continuidade

A gestão da configuração ajuda a organização a ultrapassar qualquer desastre ou falha, fornecendo as ferramentas necessárias à gestão da continuidade para que o processo empresarial possa ser continuado. Aplica os dados e informações presentes na base de dados de gestão da configuração para planear o modelo de continuidade do negócio. A gestão da configuração oferece toda a informação necessária à gestão da continuidade para preparar o plano.

4.3.8.4 Com Gestão de Incidentes

 A gestão de incidentes, sempre que se tratar de qualquer incidente, tem de verificar os itens da lista de figuração para compreender a posição exacta relativamente a qualquer infra-estrutura que possa ser prejudicial. Para tal, verifica a documentação dos itens, que estão presentes com a gestão da configuração.

4.3.8.5 Com Gestão de Libertação

A gestão de lançamento e a gestão da configuração estão intimamente associadas uma à outra. Pode lançar qualquer versão de software. Para tal, a gestão de versões tem de verificar o estado antigo desse item em particular na lista de configuração. Além disso, acredita-se que a biblioteca definitiva de software que faz parte da gestão de versões seja uma sub-parte da base de dados da gestão de configurações.

4.3.8.6 Com a Gestão de Problemas

A gestão do problema, para determinar os problemas que aconteceram na organização, precisa de conhecer a complexidade técnica e arquitectónica da infra-estrutura. Para isso, acede frequentemente à lista de itens de configuração e à base de dados da gestão da configuração.

4.4 GESTÃO DE INCIDENTES

4.4.1 Definição de um Incidente

Um incidente é uma ocorrência que não faz parte do serviço padrão, que causa ou pode causar uma perturbação, ou redução dos serviços oferecidos ao cliente de acordo com o SLA. Se a causa raiz de um incidente for identificada, então é categorizado como erro conhecido. Um incidente é geralmente um resultado indesejado ou não planeado de um processo. A gestão do incidente cuida de cada incidente identificado e dos pedidos de serviço que são levantados pelos departamentos e tenta resolvê-los tão prontamente quanto possível sem afectar quaisquer outros serviços da forma mais económica. Ao empregar a gestão de incidentes, uma organização é capaz de reduzir o tempo de paragem de qualquer processo. Além disso, a gestão de incidentes poupa o custo incorrido pela organização para que o seu processo seja restabelecido após um incidente.

4.4.2 Objectivo da Gestão de Incidentes

O principal objectivo do processo de gestão de incidentes é restabelecer o mais rapidamente possível o funcionamento normal do serviço e reduzir o impacto desse incidente nas operações, serviços ou resultados com um custo mínimo de entrada, assegurando assim que os melhores níveis prováveis de qualidade e disponibilidade do serviço sejam mantidos durante a prestação dos serviços. A gestão de incidentes deve também manter um registo dos incidentes que tenham ocorrido e integrar-se com outros processos para fazer melhorias contínuas.

A gestão do incidente analisa o incidente que acontece na organização e tenta descobrir a sua causa-raiz, para que o incidente não se transforme num problema. Regista cada incidente com as suas soluções projectadas num ficheiro de registo para que, se ocorrer um incidente semelhante, este possa ser facilmente resolvido com - desperdiçando muito tempo e dinheiro. O resultado final de um processo de gestão de incidentes é geralmente o pedido de mudança (RFC).

O RFC é um relatório que contém a informação sobre o incidente, as suas causas profundas e os danos que causou aos serviços, processos empresariais e à organização. Contém também a solução proposta para que a organização possa ultrapassar esse incidente. Este relatório é então aprovado para alterar a gestão que decide sobre as medidas a tomar após verificação das soluções.

4.4.3 Processo de Gestão de Incidentes

O processo de gestão de incidentes compreende várias etapas que estão relacionadas com outras actividades de apoio ao serviço, de uma forma ou de outra. A figura representa o processo de gestão de incidentes juntamente com a relação que partilha com outras actividades.

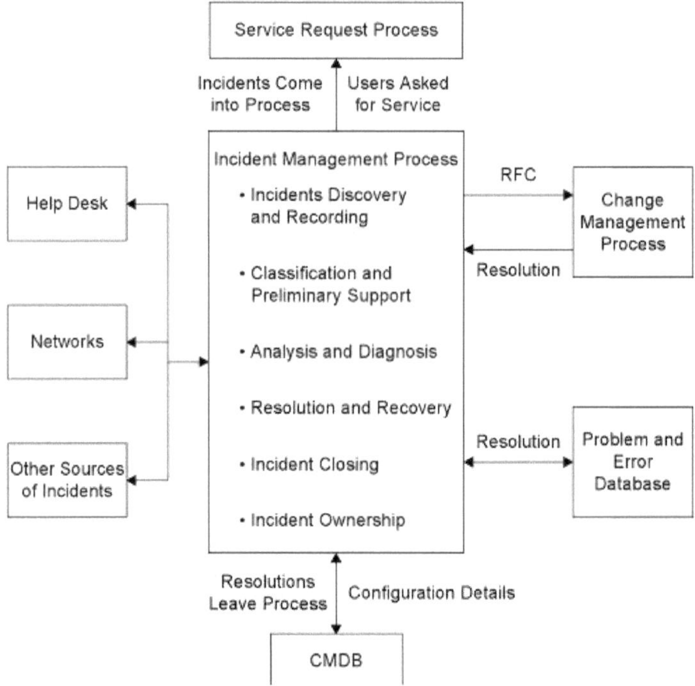

4.4.3.1 Descoberta e Gravação de Incidentes

Quando um incidente tiver ocorrido numa organização, em primeiro lugar o balcão de serviço precisa de registar as informações fundamentais e importantes do incidente. Uma vez registada esta informação, é formado um grupo formal para analisar o incidente e tentar resolvê-lo o mais cedo possível.

4.4.3.2 Classificação e Apoio Preliminar

Uma vez registados os incidentes e formada uma equipa formal, os incidentes são categorizados de acordo com o impacto que têm sobre os serviços oferecidos ao cliente. A estes incidentes é atribuída prioridade em conformidade e são verificados com incidentes anteriores que tenham ocorrido na organização. Os detalhes são avaliados para identificar qualquer ligação com os incidentes passados. Se os detalhes corresponderem, então a acção que foi tomada anteriormente é verificada quanto à sua viabilidade.

4.4.3.3 Análise e Diagnóstico

Todas as informações que foram recolhidas até agora, relativas a incidentes, são avaliadas uma a uma. A partir desta informação, é analisada a causa raiz do incidente. É realizada uma investigação exaustiva que tenta descobrir a fonte de onde o incidente teve origem. Uma vez conhecida a causa raiz do incidente, a sua resolução e recuperação são planeadas.

4.4.3.4 Resolução e Recuperação

Estabelece-se uma solução para que o impacto do incidente seja mínimo nos processos empresariais. A gestão da mudança e a gestão superior são informadas sobre quaisquer alterações que devam ser tomadas para resolver o incidente. Assim, um RFC é formatado e as acções de recuperação são sugeridas. O relatório é transmitido à gestão da mudança, que após verificar a solução, propõe o plano de acção.

4.4.3.5 Encerramento de Incidentes

Uma vez resolvido o incidente e recuperado o processo comercial, o balcão de serviço toma as seguintes medidas:

São recolhidas informações sobre as medidas tomadas para resolver o incidente.

Os procedimentos são verificados em função da causa raiz do incidente.

A resolução é informada ao cliente/utilizador final.

Todos estes detalhes do incidente, incluindo a sua causa raiz, processos afectados, resolução e recuperação, são registados no ficheiro de registo para utilização futura.

4.4.3.6 Propriedade de Incidentes

O balcão de serviço e a equipa de gestão de incidentes monitorizam todas as acções que foram tomadas a fim de resolver o incidente, para que não causem mais problemas e o incidente seja totalmente resolvido. Uma vez encerrado o incidente, este é registado nos ficheiros de registo que são utilizados como ficheiros de histórico de casos para utilização futura.

4.4.4 Diversas entradas, actividades e saídas relacionadas com a gestão de incidentes

4.4.4.1 Entradas

As informações sobre incidentes são obtidas dos utilizadores finais através do balcão de serviço, redes ou operações informáticas utilizando ferramentas de monitorização e detecção manual durante as horas de funcionamento classificadas.

Detalhes do item de configuração da base de dados de gestão de configuração.

Resposta de incidente correspondente a problemas e erros conhecidos.

Resolução de factos e pormenores.

Resposta sobre o RFC para resolver o incidente.

4.4.4.2 Actividades

Descobrir, registar e alertar para o incidente que ocorre na organização.

Interrogação, classificação, priorização e apoio inicial da equipa de gestão do incidente para a resolução do incidente.

Investigação e diagnóstico: Uma resolução ou alternativa é essencial para restaurar os serviços o mais rapidamente possível aos utilizadores finais com o mínimo de interrupção do seu trabalho.

Resolução e recuperação, resolução do incidente e restabelecimento do serviço decidido.

Encerramento do incidente e gravação do mesmo em ficheiros de registo adequados.

Propriedade de incidentes, monitorização, seguimento e comunicação.

4.4.4.3 Saídas

Resolvido por meio de erros e precedentes identificados.

Pedido de alteração de documentação para resolução de incidentes.

Informação sobre documentos de incidentes, incluindo a associação à resolução e as soluções dos dados dos itens de configuração.

Comunicação aos clientes e utilizadores finais sobre os incidentes e as alterações propostas.

Informação à direcção através da ajuda de relatórios e informações processuais.

4.4.5 Estado do Incidente

O estatuto de um incidente revela a sua situação existente no ciclo de vida do incidente, ocasionalmente reconhecida como a sua "posição de fluxo de trabalho". Todos aqueles que estão preocupados com o processo de gestão do incidente estão conscientes de cada estatuto e do seu papel.

Os diferentes estados ao longo do ciclo de vida da gestão de incidentes são:

Novo: Assim que começa um novo incidente.

Atribuído: Quando o novo incidente é registado pela primeira vez e atribuído ao grupo de apoio para resolução.

Trabalho em curso: Quando um grupo de apoio está a trabalhar no incidente para encontrar a sua solução.

Pendente: Incidentes que estão à espera de feedback de fontes externas ou utilizadores finais.

Resolvido: Incidentes concluídos e feedback encaminhado para o utilizador final.

Fechado: Quando um incidente é terminado e registado.

4.4.6 Manutenção de Registos de Incidentes

Durante todo o ciclo de vida do incidente, o estado do incidente deve ser registado e mantido, de modo a que os gestores do balcão de serviço possam dar informações precisas e adequadas aos utilizadores finais em causa dentro do prazo. Tais actividades envolvem o seguinte:

Actualizar detalhes do histórico.

Modificar o estado do incidente assim que houver alguma alteração, por exemplo, 'novo' para 'trabalho em progresso' ou 'pendente'.

Ajustar o impacto ou a prioridade das empresas com base na resolução.

Introduza o tempo gasto e os custos despendidos na resolução do incidente.

Supervisionar a posição de escalada.

4.4.10 Vantagens da Gestão de Incidentes

As várias vantagens da gestão de incidentes na organização são as seguintes:

Melhoria da satisfação dos utilizadores e clientes com uma melhor utilização dos recursos.

Reduções de incidentes ocorridos na organização.

Diminui o tempo de paragem dos processos e operações comerciais.

Diminuir o custo relacionado com a resolução e recuperação do incidente.

Eliminar os incidentes e pedidos de serviço perdidos ou errados.

Melhoria da avaliação do efeito do incidente sobre o SLA.

4.4.11 Custo da Gestão de Incidentes

As despesas de gestão de incidentes podem ser divididas nas duas partes seguintes:

(i) Custo Inicial de Inicialização

(ii) Custo de funcionamento

O custo original incorrido na gestão do incidente compreende as despesas que surgem nas fases iniciais, por exemplo, na definição e comunicação do incidente, o método e os procedimentos adoptados pelas partes afectadas, para orientar os membros que vão efectivamente resolver o incidente e, por último, na obtenção de diferentes ferramentas e infra-estruturas que necessitam de ser alteradas.

O custo de funcionamento inclui os custos relacionados com a utilização das ferramentas. À medida que forem compradas novas ferramentas adicionais, o custo de funcionamento será maior. O custo de funcionamento pode ser reduzido pela simples utilização das ferramentas que já estão presentes na organização.

4.4.12 Questões Potenciais com Gestão de Incidentes

Seguem-se problemas prospectivos que podem afectar o processo de gestão de incidentes:

(a) Bypass de Gestão de Incidentes: Em vez de informar o incidente, se os utilizadores tentarem resolver eles próprios os incómodos, o serviço de TI não será capaz de avaliar os níveis de serviço e a quantidade de erros no serviço. Isto pode ser evitado através da assistência do balcão de serviço que recebe feedbacks periódicos dos utilizadores após um determinado período de tempo.

(b) Segurar-se a Incidentes: Várias organizações fundem incorrectamente a gestão de informação e a gestão de problemas num processo híbrido de gestão de incidentes. Isto é perigoso do ponto de vista da métrica e da capacidade de dar a devida prioridade aos problemas. Deve haver uma distinção inequívoca entre os dois processos, e os incidentes devem ser encerrados e registados no ficheiro de registo assim que os utilizadores finais ratifiquem que o erro foi resolvido e que o serviço está a funcionar bem. Com base no SLA, o analista pode decidir se a documentação do problema relacionado deve ser redigida para procurar uma solução permanente.

(c) Sobrecarga de tráfego: A sobrecarga de tráfego acontece quando há grandes quantidades imprevistas de incidentes na organização. Isto pode resultar num registo impreciso de incidentes, levando a um atraso na resolução e deterioração do serviço global.

(d) Demasiadas Escolhas: Há uma tentação de compartimentar incidentes e de fazer o analista lutar com as várias subcategorias para decidir sobre o tipo de incidente. Este registo do incidente leva mais tempo do que o esperado e leva frequentemente a uma classificação incorrecta. Devido à classificação incorrecta, a resolução tomada ou não é perfeita ou requer muito tempo.

(e) Falta de Catálogo de Serviços: Se os serviços de TI não forem definidos de forma transparente, revela-se muito enfadonho para a prestação de ajuda. Um catálogo de serviços pode ajudar a equipa de incidentes descrevendo claramente os serviços de TI, os componentes de configuração e os recursos que suportam o serviço colectivamente com níveis de serviço definidos.

4.4.13 Relação com Outras Gerências

4.4.13.1 Com o Service Desk

O balcão de serviço é o ponto de abertura e fim da gestão do incidente. Sempre que qualquer incidente ocorre na organização, o balcão de serviço documenta-o e reporta-o à gestão da actividade em causa e ao utilizador final. Além disso, notifica o utilizador final sobre as acções que são tomadas para resolver o incidente. Se o service desk funcionar com sucesso e proficiência, então inúmeros incidentes podem ser resolvidos na fase inicial em si, sem obstruir o processo empresarial da organização.

4.4.13.2 Com Gestão de Nível de Serviço

A gestão de incidentes está fortemente relacionada com a gestão do nível de serviço, uma vez que tem de garantir que qualquer incidente não viola o SLA, bem como o RFC necessário para a resolução do incidente deve cumprir com o requisito de SLA. Por outro lado, a gestão de nível de serviço actualiza a gestão de incidentes em serviços chave da organização, de modo a que a gestão de incidentes trate de tais serviços sem o perturbar.

4.4.13.3 Com a Gestão de Problemas

A gestão de incidentes e a gestão de problemas estão intimamente relacionadas, mas visam diversos campos. O primeiro tem de garantir que qualquer incidente que ocorra na organização não se revele um problema, enquanto o segundo tenta eliminar a causa raiz de todos os problemas que ocorrem na organização. Além disso, a gestão de incidentes pode receber ajuda da gestão de problemas na resolução de qualquer incidente.

4.4.13.4 Com Gestão da Configuração

A gestão de incidentes obtém todas as informações necessárias sobre as diferentes ferramentas que foram implantadas na organização a partir da base de dados da gestão da configuração. Além disso, tem de informar a gestão da configuração sobre quaisquer alterações que tenha concebido para resolver o incidente, de modo a que estas possam ser reflectidas na sua base de dados.

4.4.13.5 Com a Gestão da Mudança

A gestão de incidentes actualiza a gestão de alterações com as alterações que tem planeado para a resolução de incidentes. Estas mudanças são levadas a cabo pela gestão de mudanças. Normalmente, o resultado da gestão de incidentes, ou seja, o RFC é a entrada para o processo de gestão de mudanças.

4.5 GESTÃO DE PROBLEMAS

A gestão do problema resolve ou elimina problemas que ocorrem na organização, descobrindo a causa-raiz do problema. O seu objectivo é reduzir o impacto e o efeito do problema na organização. O resultado da gestão do problema é o RFC. A gestão de problemas dá prioridade aos problemas de acordo com o custo e efeito que tem sobre os processos.

4.5.1 Objectivos de Gestão de Problemas

A gestão do problema é responsável por reconhecer todos os problemas prováveis e erros esperados que afectam os processos empresariais, registando-os com precisão e resolvendo-os em conformidade. O objectivo da gestão de problemas é descobrir a causa-raiz dos problemas, de modo a que as suas consequências possam ser minimizadas. Isto pode ser conseguido através das duas actividades mencionadas abaixo.

4.5.1.1 Actividade de Controlo de Problemas

A função da actividade de controlo de problemas é reconhecer o problema dentro do ambiente informático e registar estes problemas nos ficheiros de registo.

4.5.1.2 Actividade de Controlo de Erros

A função da actividade de controlo de erros consiste em acompanhar os erros conhecidos e concluir os esforços e recursos necessários para resolver tais erros.

4.5.2 Abordagem de Gestão de Problemas

A gestão de problemas emprega duas abordagens diferentes para a resolução de problemas que ocorrem numa organização. As duas abordagens são as seguintes:

(i) Gestão reactiva de problemas

(ii) Gestão pró-activa de problemas

4.5.2.1 Gestão reactiva do problema A gestão reactiva do problema tenta descobrir as causas-raízes do problema e assim reduzir o seu impacto nos utilizadores e nas empresas. A abordagem reactiva responde a qualquer incidente que lhe seja relatado, tentando eliminar a causa-raiz do problema. A gestão reactiva do problema utiliza as duas seguintes actividades de gestão do problema para resolver problemas: controlo do problema e controlo de erros.

(a) Actividades de Controlo de Problemas: As actividades de controlo de problemas consistem nos seguintes métodos a fim de resolver um problema (ver Figura).

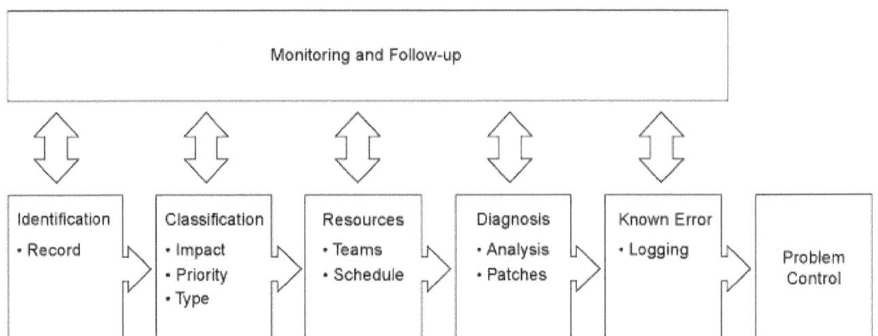

Identificação e registo: O balcão de serviço informa a gestão do problema de qualquer incidente que tenha ocorrido na organização. A gestão do problema, por sua vez, tenta identificar o problema e a sua causa-raiz e regista-os nos ficheiros de registo.

Classificação: A gestão do problema categoriza os problemas de acordo com o seu significado ou de acordo com o efeito que tem nos serviços da organização. Os problemas são ainda categorizados de acordo com as suas características, tais como hardware ou software relacionado, as áreas funcionais afectadas e os detalhes dos diferentes itens de configuração envolvidos. Um factor crucial na classificação é determinar a prioridade do problema, que, como no caso de incidentes, se baseia na sua importância, ou seja, o atraso na resolução de um determinado problema e o impacto que vai ter, ou seja, o grau de deterioração da qualidade do serviço.

Investigação e diagnóstico: Uma vez classificado o problema, uma equipa dedica-se à investigação e ao diagnóstico do mesmo. Uma vez reconhecida a razão do problema, é então sugerida uma solução. Os precedentes são inspeccionados e, se um problema semelhante tiver acontecido no passado, é referido ou então é proposta uma solução temporária até que o diagnóstico do problema esteja concluído e seja encontrada uma solução.

Resolução: A resolução envolve a identificação de uma solução para um determinado problema e começar a trabalhar à sua volta. A resolução significa que a equipa de gestão do problema começou a encontrar uma solução para o problema.

(b) Actividade de Controlo de Erros:

A actividade de controlo de erros consiste nos seguintes métodos para resolver um problema particular na organização (ver Figura).

Identificação e registo: O balcão de serviço informa a gestão do problema sobre qualquer erro em qualquer processo da organização. Identifica o erro e regista-o na sua base de dados. Avaliação do erro: Esta etapa envolve a atribuição de prioridade dos erros e a descoberta do impacto que estes têm no processo empresarial.

Resolução e registo de erros: A resolução de erros envolve as mudanças na infra-estrutura, como mudanças no hardware e software, fornecendo formação aos empregados e utilizadores finais, actualizando documentos, relatórios e processos empresariais. Também regista as acções que são tomadas para resolver o erro.

Resolução de erros e monitorização: A resolução e monitorização de erros inclui a observação das alterações que foram efectuadas a fim de resolver o erro. Nesta etapa em particular, verifica-se que as resoluções (alterações) que foram efectuadas não estão a causar qualquer outro erro.

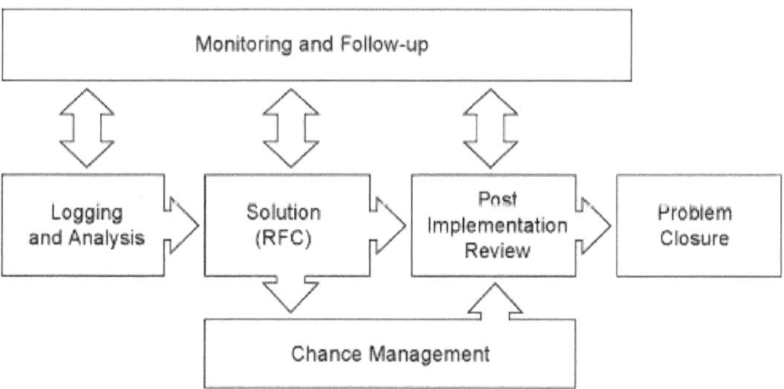

Encerramento: Uma vez resolvido o erro, o ficheiro de registo é actualizado, no qual são apresentadas em detalhe todas as etapas, incluindo o erro, a sua causa-raiz, soluções. O registo de problemas é principalmente semelhante ao registo de incidentes, excepto que a importância não está nos detalhes dos incidentes associados, mas na natureza e impacto provável dos problemas.

4.5.2.2 Gestão pró-activa de problemas

Na gestão proactiva de problemas, a direcção tenta encontrar a solução dos problemas que têm uma maior possibilidade de acontecer, ou seja, a direcção tenta controlar o problema antes que ele possa realmente ter impacto no processo empresarial. Para isso, a abordagem proactiva analisa os problemas do passado e identifica a sua probabilidade de reincidência. Quanto maior for a probabilidade, mais rápida será a resposta da gestão do problema. Esta abordagem tenta reduzir o impacto do problema sobre o negócio antes de afectar o processo empresarial. Para isso, a gestão proactiva do problema utiliza duas actividades: análise de tendências e acção preventiva.

(a) Análise de tendências: A análise de tendências é o processo de investigar um problema ou incidente anterior que tenha afectado a organização no passado e encontrar a sua probabilidade de reincidência, de modo a ser cauteloso. Neste processo, a equipa verifica novamente todos os problemas anteriores (erros conhecidos) a partir de ficheiros de registo e tenta descobrir se eles se podem repetir ou não.

(b) Prevenção da Acção: De acordo com o relatório documentado pela análise de tendências, a acção preventiva propõe uma variedade de alterações ou precauções, de modo a que o problema possa ser prevenido ou o seu impacto minimizado. Esta actividade sugere basicamente soluções de acordo com os precedentes.

4.5.4 Processo de Gestão de Problemas

Há numerosas etapas envolvidas no processo de gestão do problema para assegurar um fluxo de trabalho suave na gestão de um problema numa organização. O processo começa com a selecção de um gestor executivo para construir uma equipa inter-funcional e resolver o problema em conformidade. As várias etapas são mencionadas abaixo.

4.5.4.1 Seleccionar um Patrocinador Executivo

O patrocinador executivo é obrigado a lidar com os utilizadores internos e externos, ou seja, empregados e utilizadores finais da organização. Ele escolhe o proprietário do processo de gestão do problema, que fornece a liderança e a direcção do processo. O patrocinador executivo é a pessoa, que toda a equipa procura para qualquer sugestão ou para lidar com quaisquer dificuldades.

4.5.4.2 Atribuir um Proprietário do Processo

O patrocinador executivo selecciona um proprietário do processo que é responsável por reunir e liderar uma equipa de concepção de processos inter-funcionais para executar uma variedade de funções do processo. A responsabilidade do proprietário do processo envolve reunir a equipa, comunicar com eles, resolver problemas e assegurar que a implementação da resolução de um problema em particular é apropriada.

4.5.4.3 Montagem de uma equipa multifuncional

A equipa está envolvida em diferentes responsabilidades, tais como identificar e atribuir a prioridade adequada aos requisitos da equipa, lidar com utilizadores internos e externos de acordo com as suas necessidades, e finalizar a resolução geral do problema.

4.5.4.4 Descobrir e dar prioridade aos requisitos

Uma vez formada, a equipa reconhecerá os diferentes requisitos para a resolução de problemas e atribuirá prioridade aos diferentes requisitos conforme necessário, de modo a que estes recursos possam ser disponibilizados à equipa à hora.

4.5.4.5 Estabelecer um esquema de prioridades

O esquema de prioridades tenta atribuir prioridade a diferentes problemas com base na dificuldade, impacto e urgência. Isto significa que os problemas com maior risco, ou seja, com maior prioridade, são resolvidos o mais cedo possível.

4.5.4.6 Reconhecer ferramentas alternativas de seguimento de chamadas

A ferramenta de seguimento de chamadas é a base de um processo de gestão de problemas bem sucedido. Com a ajuda de uma ferramenta de seguimento de chamadas, a gestão de problemas será capaz de resolver problemas de uma forma muito melhor. A ferramenta pode ser adquirida comercialmente ou pode ser desenvolvida pela organização em casa.

4.5.4.7 Negociar Níveis de Serviço

A equipa multifuncional deve tentar negociar tanto com os utilizadores internos como com os externos para que a prestação de serviços seja bem sucedida. Os termos acordados na negociação devem ser práticos e devem ser aceites por ambas as partes.

4.5.4.8 Estabelecer Métricas de Serviço e Processo

Para manter acordos de nível de serviço externo, são necessárias métricas de serviço do lado do cliente, enquanto que para manter acordos de nível de serviço interno, as métricas de processo são essenciais. Se as métricas de serviço e de processo anteriores estiverem disponíveis, podem ser utilizadas, mas se não forem novas métricas tanto para o serviço como para o processo, precisam de ser concebidas e estabelecidas.

4.5.4.9 Conceber o processo de chamada

O processo de chamada é o processo central da gestão de problemas. A equipa multifuncional é responsável pelo tratamento dos problemas, o seu registo, análise e tratamento de tal forma que o impacto do problema seja mínimo no negócio.

4.5.4.10 Calcular, Decidir e Implementar a Ferramenta de Acompanhamento de Chamadas

Nesta etapa, as ferramentas de seguimento de chamadas substituídas são estimadas pela equipa interfuncional para determinar a selecção final das ferramentas. As ferramentas seleccionadas são então utilizadas para a resolução de problemas.

4.5.4.11 Processo de Revisão e Métricas de Serviço para Melhorar o Processo

Todas as métricas, incluindo métricas de processo e de serviço, devem ser revistas continuamente para que o processo de gestão de problemas possa ser melhorado numa base regular, para remover as deficiências, se as houver. Do mesmo modo, se forem utilizadas métricas antigas, então deve assegurar-se que estas se enquadram no cenário actual para a resolução de problemas.

4.5.5 Vantagens da Gestão de Problemas

Melhoria da qualidade e gestão dos serviços de TI: A função da gestão de problemas é resolver todos os problemas que afectam os serviços empresariais, melhorando assim a sua qualidade.

Melhor produtividade do utilizador: medida que a qualidade dos serviços é melhorada, a produtividade dos utilizadores melhora automaticamente.

Melhor registo de incidentes: Uma vez que a gestão de problemas pode lidar com incidentes numa base pró-activa, melhora o registo de incidentes numa organização.

Melhoria da reputação dos serviços de TI: Com a melhoria da qualidade do serviço e da produtividade do utilizador, a reputação da organização espalha-se amplamente.

Diminuição do volume de incidentes: Está associado ao registo de incidentes, pois com a natureza pró-activa da gestão de problemas, muitos incidentes podem ser resolvidos antes de perturbarem realmente o processo empresarial. Assim, reduzindo a quantidade de incidentes que afectam o processo empresarial.

4.5.7 Relação com Outras Gerências

 4.5.7.1 Com Gestão da Configuração

A gestão da configuração apresenta a informação necessária à gestão de problemas relativos a diferentes componentes da infra-estrutura, tais como hardware e software. Ajuda a gestão do problema a conhecer melhor os equipamentos, para que o problema esteja relacionado com essa infra-estrutura específica .

4.5.7.2 Com Gestão de Incidentes

A gestão de incidentes desempenha um papel significativo na actividade de gestão de problemas. Para uma gestão de problemas bem sucedida é importante que cada incidente seja registado e mantido num ficheiro de registo. O último ajuda o primeiro a reconhecer os problemas viáveis que podem evoluir para incidentes, e assim encontrar a sua solução de forma pró-activa.

4.5.7.3 Com a Gestão da Mudança

 A gestão da mudança ajuda a gestão do problema calculando a implementação do pedido de mudança que é projectado pela gestão do problema como uma etapa de resolução. É responsável pela execução das mudanças exigidas pela gestão do problema e verifica se estas mudanças estão a causar algum problema adicional.

 4.5.7.4 Com Gestão Financeira

A gestão financeira ajuda a gestão de problemas a identificar os custos associados aos problemas e erros conhecidos. Fornece as informações necessárias relativamente ao custo de uma determinada infra-estrutura e, consequentemente, do erro.

 4.5.7.5 Com Gestão de Libertação

A gestão da libertação trabalha em estreita colaboração com a gestão do problema. Antes do lançamento de um último número, a gestão de lançamento verifica se este vai causar algum novo problema. Além disso, fornece uma verificação à gestão do problema relativamente à resolução antecipada a que chegou.

4.6 GESTÃO DA MUDANÇA

A gestão da mudança é o processo de controlo e coordenação de todas as mudanças de um ambiente informático que vão ocorrer em consequência de algum incidente ou problema. Trabalha essencialmente no resultado final da gestão de problemas, para alterar o ambiente que está a causar o problema.

Aceita pedidos de mudança da gestão do problema. Ao receber o RFC, verifica se o pedido é vantajoso para a organização. Se assim for, então implementa as mudanças na organização.

4.6.1 Componentes da Gestão da Mudança

A gestão da mudança tem as duas componentes seguintes:

4.6.1.1 O controlo inclui solicitar, prioritizar e aprovar alterações.

(a) Pedido: O conselho de revisão de alterações aceita o pedido de alteração da gestão de problemas para a execução das alterações. O pedido de alteração pode ser feito em cópia impressa ou em formato de cópia electrónica.

(b) Prioritização: Ao obter o pedido, a comissão de revisão de alterações atribui prioridade a vários pedidos com base na exigência da organização. As alterações são executadas de acordo com a prioridade atribuída aos diferentes pedidos.

(c) Aprovação: Uma vez atribuída a prioridade a diferentes pedidos, a comissão de revisão de alterações prepara o calendário e o procedimento para a implementação destas alterações na organização.

4.6.1.2 Coordenação

A coordenação envolve colaboração, calendário, comunicação e implementação.

(a) Colaboração: Antes de realizar a mudança, a equipa de gestão da mudança deve colaborar entre as várias partes envolvidas ou afectadas pela mudança. Deve haver uma compreensão eficiente e eficaz por parte de vários departamentos, funcionários e utilizadores finais.

(b) Horário: O calendário compreende a hora e a data em que a alteração vai ser implementada. Inclui também a mudança que será implementada quando e em que medida será implementada. A equipa trabalha de acordo com o calendário que é estabelecido pelo conselho de revisão da alteração.

(c) Comunicação: Uma vez que a equipa que traz as alterações esteja pronta com o seu trabalho, é da responsabilidade da equipa, juntamente com o balcão de serviço, notificar todas as partes relacionadas relativamente a estas alterações. As partes relacionadas envolvem a direcção e os utilizadores (empregados e utilizadores finais). Todas elas precisam de ser informadas sobre as alterações que foram implementadas e como irão afectar cada uma delas.

(d) Implementação: A equipa que implementa as alterações implementa todas as alterações e prepara um relatório de registo que inclui informações relativas às alterações implementadas. Além disso, a equipa monitoriza estas alterações durante algum tempo para verificar que as alterações foram implementadas com sucesso e não estão a causar mais nenhum problema.

4.6.2 Objectivos da Gestão da Mudança

Os objectivos da gestão da mudança são os seguintes:

- Execução sem erros do processo de gestão da mudança.
- Interferência mínima dos serviços durante a execução da mudança.
- Informar todas as partes afectadas sobre a mudança.

4.6.3 Âmbito da Gestão da Mudança

Em princípio, qualquer alteração não normalizada deve ser considerada como sendo abrangida pelo âmbito da gestão da mudança. No entanto, não é possível controlar regularmente todas as alterações desta forma.

O âmbito da gestão de alterações deve ser paralelo ao da gestão da configuração, ou seja, qualquer alteração que esteja a afectar os itens de configuração incluídos no inventário da base de dados de gestão da configuração deve ser devidamente supervisionada e registada.

Do mesmo modo, ao implementar a gestão da configuração, vale a pena estabelecer "configurações de referência" através da simplificação do procedimento. É também essencial gerar previamente processos de mudança com protocolos devidamente definidos e autorizados.

Estes protocolos padronizados devem ser cuidadosamente elaborados, mas uma vez definidos, permitem uma gestão mais rápida e eficiente de pequenas alterações ou aquelas que têm um baixo impacto na organização informática.

4.6.4 Questões Relacionadas com a Gestão da Mudança

Há várias questões que estão relacionadas com a gestão da mudança. Algumas delas são as seguintes:

- Efeitos secundários inesperados após a implementação da mudança
- Alteração falhada ou abortada durante a implementação
- Falha do plano de apoio
- Má comunicação entre as equipas de implementação e as equipas afectadas
- Atraso temporal durante a implementação das alterações
- Recursos contraditórios
- Repetição do mesmo erro uma e outra vez
- Alteração não controlada ou não planeada devido a algum erro
- Alterações não devidamente testadas antes e depois da implementação da alteração
- O processo de mudança não é de fácil utilização e de serviço
- As alterações não são comunicadas e documentadas correctamente

4.6.5 Riscos Gerais Associados à Gestão da Mudança

Há vários riscos que se podem associar à gestão da mudança. Alguns dos principais riscos são descritos como se segue:

- 4.6.5.1 Comunicação
- Miscomunicação ou mal-entendido entre os membros da equipa de implementação e os utilizadores.
- Problema de egoísmo entre os membros da equipa.
- Barreira linguística entre diferentes membros e utilizadores.
- Comunicação inadequada entre a equipa e os utilizadores.
- Problema ambiental. Noções pré-concebidas dos membros da equipa.

4.6.5.2 Tecnologia

- Tecnologia desactualizada a ser implementada.
- Falhas técnicas.
- Menos compatibilidade entre várias peças técnicas que estão a ser alteradas.
- Mudança frequente de tecnologia na organização.
- Implementação de novas tecnologias sem formação adequada aos utilizadores.
- 4.6.5.3 Dados e Informação
- Redundância de dados na informação disponível para os membros da equipa.
- Dados e informações inadequados e insuficientes.
- Dados menos significativos disponíveis.

4.6.5.4 Pressupostos

- Todas as suposições feitas ou são demasiado arriscadas ou erradas.
- Pressupostos baseados em dados e informações incorrectos.

4.6.5.5 Recursos Conflito de recursos durante a implementação.

- Indisponibilidade de recursos.
- Utilização inapropriada ou sobrecarga de recursos.
- Recursos de baixa qualidade disponíveis durante a mudança.
- Recursos humanos menos motivados.

4.6.6 Passos necessários para desenvolver a gestão da mudança

Existem diferentes passos para levar a cabo uma mudança eficiente numa organização. Estas etapas são apresentadas abaixo.

4.6.6.1 Atribuir um Patrocinador Executivo

O patrocinador executivo é o gestor do processo de gestão da mudança. A sua responsabilidade inclui a atribuição de um proprietário do processo, fornecendo-lhe orientação, direcção e recursos. Ele é a pessoa responsável por assegurar que as mudanças sejam implementadas com sucesso a tempo.

4.6.6.2 Atribuição do Proprietário do Processo

O proprietário do processo é atribuído pelo patrocinador executivo. As responsabilidades do proprietário do processo incluem a realização de reuniões do conselho de revisão da mudança, a análise e distribuição de métricas do processo, e a manutenção dos documentos necessários para a mudança. Ele é o adjunto do proprietário executivo e é igualmente responsável pela implementação bem sucedida e atempada da mudança na organização. Trabalha como intermediário entre a equipa e o patrocinador executivo para levar a cabo as mudanças necessárias.

4.6.6.3 Escolher a Equipa de Concepção do Processo de Cross-functional

A equipa de concepção do processo multifuncional está encarregada de levar a cabo as mudanças na organização. É constituída pelo membro que segue as ordens do patrocinador executivo e proprietário do processo para levar a cabo as mudanças.

4.6.6.4 Organizar reuniões, atribuir funções e responsabilidades à equipa de concepção do processo

O proprietário do processo precisa de organizar reuniões para a equipa de desenho do processo, para que não haja falhas de comunicação entre os membros. É também responsável por atribuir várias funções e responsabilidades a cada membro para que saibam qual é a sua responsabilidade e o que se espera deles no processo de gestão da mudança.

4.6.6.5 Reconhecer as Vantagens do Processo de Gestão da Mudança

Ao reconhecer os benefícios associados ao processo de gestão da mudança, estima-se se a gestão da mudança será benéfica ou não para a organização. Apenas se o processo for benéfico, é levado a cabo.

4.6.6.6 Preparar/Colher Métricas de Mudança

Se já existirem métricas de mudança, recolher e examiná-las de outra forma, estabelecer um processo para preparar novas métricas de mudança.

4.6.6.7 Reconhecer e Atribuir Prioridade aos Requisitos

A equipa de concepção do processo reconhece todos os requisitos necessários para levar a cabo o plano de mudança. Atribuem prioridades diferentes a vários requisitos de acordo com a utilização, de modo a que não haja conflito ou indisponibilidade de recursos.

4.6.6.8 Identificar e Descrever Termos Chave

A equipa de concepção do processo requer a identificação e definição de todos os termos-chave necessários para a mudança, de modo a que não haja qualquer erro de comunicação entre os membros relativamente a qualquer termo ou item.

4.6.6.9 Preparar o Plano Preliminar do Processo de Gestão da Mudança

A equipa de concepção do processo prepara o plano preliminar de mudança através do qual a mudança será levada a cabo na organização.

4.6.7 Processo de Gestão da Mudança

O processo de gestão da mudança consiste em várias etapas (ver figura). A partir de um pedido de documento de mudança pela gestão de incidentes ou por outros departamentos. Examina se o pedido é ou não de alta prioridade (urgente). Se o pedido de mudança for essencial, então a gestão da mudança analisa o impacto da mudança noutras actividades empresariais. Uma vez estimado o impacto, as mudanças são revistas e aprovadas pelo Comité Consultivo de Mudanças (CAB). Se forem necessárias quaisquer modificações no plano, estas são sugeridas e o plano é implementado. Após a execução ou execução dos planos, o CAB verifica e monitoriza se as alterações implementadas estão a causar qualquer outro problema a outras actividades. Em caso afirmativo, então as alterações podem ser revertidas.

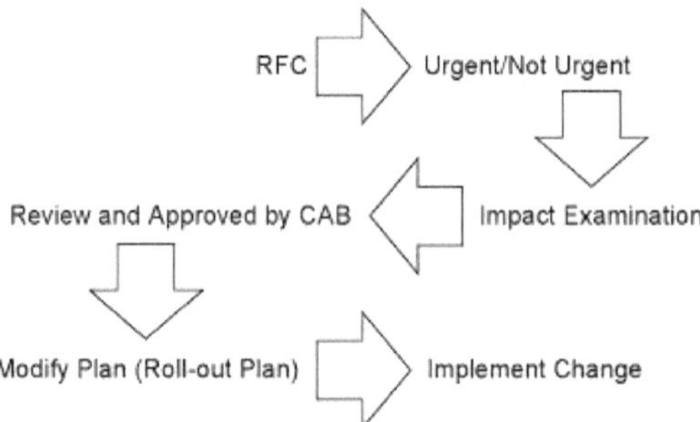

4.6.8 Vantagens da Gestão da Mudança

- A gestão da mudança diminui o impacto das mudanças na qualidade do processo informático.
- A gestão da mudança torna o processo mais adaptável às mudanças.
- A gestão da mudança aumenta a produtividade dos utilizadores através da eliminação de problemas.
- A gestão da mudança melhora a avaliação dos riscos através da avaliação das mudanças e das várias alternativas.
- A gestão da mudança reduz o impacto adverso sobre o SLA.

4.6.9 Relação com Outras Gerências

4.6.9.1 Com Gestão de Nível de Serviço

A gestão da mudança trabalha com a gestão do nível de serviço para que quaisquer mudanças sejam implementadas na organização, não afectem a gestão do nível de serviço ou o SLA. As alterações devem estar em conformidade com o acordo do SLA. A gestão do nível de serviço auxilia a gestão de mudanças para determinar o impacto das mudanças no processo empresarial. Se a mudança estiver a causar um risco importante para o processo, é melhor negociá-la com o cliente antes de ser implementada.

 4.6.9.2 Com a Gestão de Problemas

A gestão da mudança é responsável pela realização das mudanças que são solicitadas pela gestão do problema para a resolução dos problemas. O RFC como resultado do problema é passado para a gestão da mudança de modo a que possam implementar as mudanças. Além disso, a gestão de mudanças verifica qualquer novo problema no processo empresarial devido às mudanças implementadas.

4.6.9.3 Com Gestão da Configuração

A gestão da mudança funciona em associação com a gestão da configuração. Quaisquer alterações implementadas têm de se reflectir na base de dados da gestão da configuração. Porque, o hardware e o software a serem alterados são obtidos a partir da referida base de dados.

4.6.9.4 Com Gestão de Libertação

A gestão da libertação e a gestão da mudança estão intimamente ligadas. Estes dois processos trabalham frequentemente em conjunto. Sempre que há qualquer lançamento de software, a gestão de lançamento tem de o discutir com a gestão de alterações antes de o implementar.

4.7 GESTÃO DA LIBERTAÇÃO

A gestão de versões é o processo de planeamento, montagem, teste e instalação de diferentes hardware e software e o seu controlo de versões e armazenamento. O seu objectivo básico é assegurar que um método fiável de implementação é prosseguido. Reduz a probabilidade de incidentes como consequência de implementações e assegura que apenas versões testadas e reconhecidas de hardware e software são instaladas em qualquer altura. A gestão de lançamento é responsável pela gestão e distribuição das últimas versões de software e hardware destinadas à produção, que são mantidas pelo departamento de TI. A gestão de lançamento funciona em associação com várias actividades de gestão.

A gestão de versões deve também manter uma biblioteca de software definitivo (DSL) actualizada, onde são armazenadas cópias de todo o software de um sistema em funcionamento; e um armazenamento de hardware definitivo (DHS), onde são armazenadas peças sobressalentes e documentação para reparação rápida de problemas de hardware num sistema em funcionamento.

4.7.1 Porquê utilizar a Gestão de Libertações

A gestão de lançamento é um apoio técnico proactivo centrado no agendamento e preparação dos últimos serviços requeridos pelos processos empresariais na organização. Algumas das vantagens de utilizar a gestão de libertações são as seguintes:

- A oportunidade de organizar com antecedência as despesas e necessidades de recursos exigidos por um processo empresarial numa organização.
- Uma abordagem planeada para o lançamento sistemático do mais recente software ou hardware, que são eficientes e eficazes.
- As alterações ao software são 'agrupadas' para uma versão, o que reduz o impacto das alterações nos utilizadores.
- Testes antes da implementação; isto diminui os incidentes que afectam os utilizadores e requer um menor apoio reactivo.
- É utilizado um método universal para a instalação de novas versões do mesmo software e hardware.
- Uma oportunidade para os utilizadores reconhecerem a funcionalidade do software antes de este ser completamente implementado.
- Formação prévia à implementação; isto assegura que os utilizadores não experimentem o tempo de inactividade do sistema enquanto aprendem as últimas características.
- Controlo de versões e armazenamento central do software, assegurando que as versões aprovadas estejam sempre instaladas, o que reduz incidentes e requisitos de reinstalação.

4.7.2 Actividades Envolvidas na Gestão de Libertações

- A gestão da libertação inclui as seguintes actividades:
- Lançamento da política e planeamento.
- Desenho, construção e configuração de vários softwares e hardware.
- Aceitação de lançamento pelos utilizadores.
- Planeamento da implementação da mudança das versões.
- Teste exaustivo das versões mais recentes de diferentes software e hardware.
- Comunicação, preparação e formação dos utilizadores com antecedência.
- Teste do hardware ou software mais recente.
- Instalação de hardware e software testados e verificados.
- Armazenamento de hardware e software na base de dados da gestão de configuração.

4.7.3 Como funciona a gestão da libertação

O processo de gestão do lançamento funciona fornecendo um quadro regular para classificar e criar novos serviços, e assegurando que o software que vai ser implementado seja aprovado e versões testadas. Interage com o procedimento de gestão da mudança e o procedimento de gestão da configuração durante o seu ciclo de vida, para permitir a implementação e manter os registos de configuração, respectivamente (ver Figura).

4.7.3.1 Política de libertação

A política de lançamento é o plano aceite para implementar os serviços mais recentes que podem ser simples ou complexos. Nos serviços anteriores, a política de lançamento pode implementar as últimas versões de software/hardware apenas uma ou duas vezes por ano. Enquanto nos últimos serviços, a política de versões pode relacionar-se com o desenvolvimento real de software dentro da organização e pode decidir sobre a regularidade de novas versões, convenção de numeração de versões, tipos de versões, tais como completas ou parciais e assim por diante.

4.7.3.2 Biblioteca de Software Definitivo

A biblioteca definitiva de software (DSL) é o armazenamento de software e hardware lançados que foram testados, verificados e serviram como ponto vital para a aquisição de diferentes versões de software. Asua principal função é diferenciar entre versões antigas e novas e qualquer software desenvolvido. A DSL associa-se à base de dados de gestão de configuração. Os profissionais de TI consideram que a biblioteca de software é a parte da base de dados de gestão de configuração.

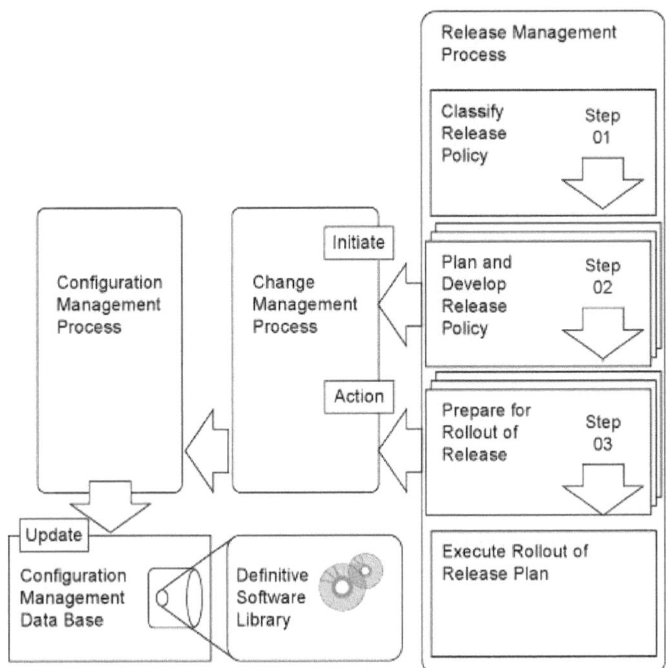

4.7.3.3 Armazenamento de Hardware Definitivo

O armazenamento definitivo de hardware (DHS) inclui peças sobressalentes para os itens de configuração para a produção. Os recursos armazenados devem ser incluídos na base de dados de gestão da configuração se os itens de configuração subsequentes estiverem programados na mesma.

4.7.3.4 Planeamento da libertação

O planeamento do lançamento assegura que o software ou hardware que está a ser implementado para os utilizadores faz o que é exigido quando o obtêm. Envolve a concepção, construção, teste e aceitação do plano de lançamento.

(a) Desenho: O desenho corresponde ao planeamento de um novo serviço. Isto diz respeito à configuração das partes de hardware e software.

(b) Construir: Build é a colecção de componentes para descobrir o serviço, tais como instalação ou integração da última peça de software com as aplicações existentes.

(c) Teste: O teste é o apoio técnico interno que é acordado para assegurar que o serviço é constante e que os outros serviços não são afectados pela sua instalação.

(d) Aceitação: O teste de aceitação é um teste de funcionalidade realizado por utilizadores seleccionados que são responsáveis por garantir que o serviço está a fazer o que se espera dele.

4.7.3.5 Lançamento do lançamento

O lançamento do lançamento é a implementação genuína do mais recente hardware ou software. A expressão 'rollout' significa o início de um serviço mais recente para todos ou muitos utilizadores. O lançamento do lançamento envolve o agendamento, formação, comunicação, revisão da base de dados DSL e de gestão de configuração e listas de verificação.

(a) Agendamento: A programação é um requisito para o emprego autêntico dos serviços, bem como qualquer formação que seja necessária. A programação é principalmente importante para as implementações ao utilizador, pois mesmo uma única instalação deve ser programada de acordo com a preferência do utilizador.

(b) Formação: A formação deve ser sempre considerada antes de se proceder à implementação das últimas versões de hardware ou software. Pode nem sempre ser essencial mas é uma excelente prática ter em conta a provável necessidade de formação.

(c) Comunicação: A comunicação é muito essencial no processo de implementação. Os utilizadores precisam de ser sensibilizados para o facto de que as mudanças estão a ser executadas na organização. A comunicação deve ser premeditada e deve explicar como as implementações servem os utilizadores.

(d) Actualização: A versão exacta do software/hardware que foram testados e verificados deve estar disponível em DSL ou na base de dados de gestão de configuração e marcada claramente em qualquer uma delas no momento da implementação.

(e) Listas de verificação: A implantação autêntica deve também ser pré-estabelecida para assegurar que todas as actividades estejam concluídas e que a implantação seja fiável e consistente. As listas de verificação devem estar disponíveis para que os instaladores as possam prosseguir.

4.7.4 Custo da gestão da libertação

A gestão da libertação pode custar tão pouco ou tanto quanto a organização possa suportar. Há três características principais a considerar: despesas, pessoas e tempo.

4.7.4.1 Despesa

Os recursos financeiros terão de ser libertados para a aquisição de novas versões de ferramentas de software para a DSL e hardware extra para a sua acomodação. Neste caso, a organização terá de comprar tanto as versões mais recentes de hardware como de software.

4.7.4.2 Pessoal

A gestão das libertações só necessita de pessoal permanente se houver uma grande quantidade de novos serviços a serem implementados, uma vez que a actualização requer pessoal a tempo inteiro para planeamento e execução.

4.7.4.3 Tempo

O tempo que o processo de gestão de libertação demora uma vez operacional é complexo de calcular, uma vez que depende completamente da regularidade da libertação dos serviços mais recentes na organização.

4.7.5 Tipos de Lançamentos

A execução ou o lançamento do último software depende em grande parte do impacto que têm na actual infra-estrutura informática. Por conseguinte, as versões podem ser categorizadas no seguinte:

4.7.5.1 Lançamento principal

Os grandes lançamentos têm um impacto notável na organização e no processo empresarial. Têm impacto na organização em grande escala, onde a implantação do software mais recente é também grande.

4.7.5.2 Libertação Menor

Os lançamentos menores são normalmente menos importantes e são lançados para complementar uma versão em particular ou assim. O seu impacto na organização é menor e muitos dos utilizadores permanecem desinformados de tais versões menores.

4.7.5.3 Alterações de Emergência

 As libertações de emergência são muito rápidas e muitas vezes destinam-se a restaurar rapidamente um erro que tem um impacto desagradável sobre os negócios da organização. Tais libertações devem ser evitadas, se possível.

Ao longo do seu ciclo de vida uma libertação pode passar por diferentes fases: desenvolvimento, testes, ao vivo e arquivado. A figura ilustra o avanço de uma libertação ao longo do tempo.

4.7.6 Abordagem de Implementação A abordagem de implementação da gestão da libertação é um ciclo composto por processo, pessoas e ferramentas (ver Figura).

4.7.6.1 Processo

Construir um plano para testar e aceitar a última versão de hardware e software.

Gerar o processo ou documentação para as últimas versões de hardware e software.

Empregar o mesmo procedimento para instalar as mesmas versões de hardware ou software em qualquer momento dado.

4.7.6.2 Ferramentas

Utilizar a ferramenta documental para preparar a documentação do lançamento.

Utilizar a ferramenta modelo para armazenar quaisquer alterações na documentação.

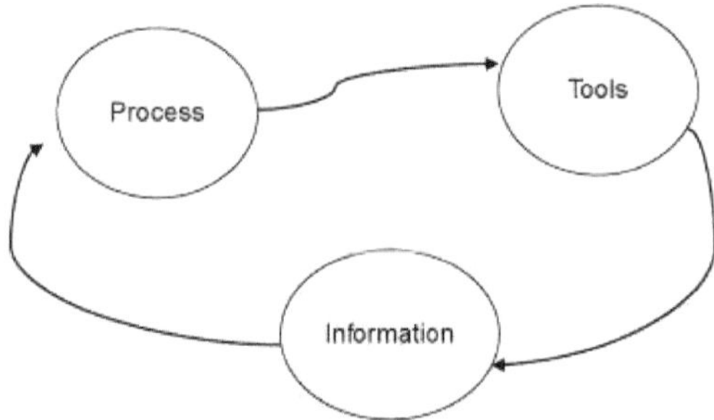

4.7.6.3 Informação

Reunir-se para exibir o programa e o relatório de procedimentos numa base semanal ou mensal, que deve incluir o seguinte:

- Montante de novas instalações nesse período.
- Quantidade de procedimentos construídos nesse período.
- Montante de serviços restantes após o período.

4.7.7 Âmbito da gestão das libertações

4.7.7.1 Âmbito de aplicação a longo prazo

A longo prazo, a gestão de versões deve ser prática como política para estabelecer todas as versões mais recentes de software ou hardware de uma forma programada, pré-estabelecida e planeada. Isto deverá consequentemente diminuir a necessidade de requisitos ad hoc na medida do possível e deverá permitir que o tempo de apoio técnico seja atribuído a outras actividades. Também resulta em economias de níveis, uma vez que as actividades de planeamento e formação não aumentam em proporção à quantidade de itens. Embora para assegurar a melhor possibilidade de sucesso, a aplicação da gestão de libertação a este nível é melhor deixada até que os conceitos fundamentais sejam completamente compreendidos e automatizados.

4.7.7.2 Âmbito de aplicação a curto prazo

A curto prazo, a gestão de versões deve ser prática e restringir-se a uma única instalação das últimas versões de hardware ou software. Este âmbito pode ser utilizado para iniciar a geração de construções normais e um armazenamento centralizado de software e estabelece a noção de um procedimento padrão para a implementação de todo o equipamento. Além disso, ao restringir o processo de gestão de versões a instalações únicas, a organização pode evitar a interface com o processo de gestão de alterações. Isto implica que a gestão de libertação pode ser executada isoladamente, sem qualquer pré-requisito para um processo de gestão de mudança. Uma vez que as actividades fundamentais estejam confortavelmente implementadas, será um passo comparativamente livre de problemas considerar o panorama geral e planear e controlar implementações maiores, que terão necessidade de input para o processo de gestão da mudança.

4.7.8 Questões relacionadas com a gestão da libertação

As questões relacionadas com a gestão da libertação são as seguintes:

- Falta de visibilidade de cada mudança que existe no ambiente.
- Processo de gestão de libertação ambíguo.
- Detalhes inadequados ou imprecisos com a equipa de gestão de libertação.
- Versões de software e hardware não testadas ou não verificadas que estão a ser implementadas.
- Dificuldade da libertação não calculada com precisão.
- Não existe um ambiente de teste apropriado para verificar e gerir a libertação.
- Os lançamentos não são efectuados numa única fase.

4.7.9 Vantagens da gestão das libertações

As várias vantagens da gestão da libertação podem ser listadas da seguinte forma:

- Melhor utilização da política de libertação de utilizadores.
- Teste constante e ambiente de vida.
- Redução do tempo de libertação com menos atrasos na implementação.
- A quantidade de cópias de software ilegal a ser implantada é reduzida.
- A gestão do software e hardware implementado é centralizada.
- As alterações são feitas sem agravar a qualidade dos serviços empresariais.

4.7.10 Controlo do Processo de Gestão de Libertações

É vital organizar relatórios que permitam calcular o desempenho da gestão da libertação. Para que estes relatórios sejam precisos e precisos, é necessário desenvolver informação que seja simples de avaliar uma sequência de métricas de referência, cobrindo os seguintes aspectos:

- Quantidade de novas versões lançadas.
- Montante de fundos, com razões para tal.
- Incidentes relacionados com novos lançamentos.
- Relatório de conformidade com os prazos decididos para cada destacamento.
- Atribuição de recursos em cada implementação.
- Precisão e alcance do CMDB e do DHS.
- Existência de versões de software ilegal ou pirateado.
- Registo adequado dos últimos lançamentos no CMDB.
- Registo adequado dos incidentes causados pela utilização incorrecta da nova versão pelos utilizadores devido à falta de formação.

4.7.11 Relação com outras gestões

4.7.11.1 Com Gestão de Nível de Serviço

A gestão de lançamento está associada à gestão de nível de serviço, uma vez que a gestão de lançamento tem de verificar o seguinte enquanto lança as últimas versões de hardware e software: O SLA não é afectado A qualidade dos serviços é mantida

4.7.11.2 Com Gestão da Configuração

A gestão de versões está estreitamente associada ao processo de gestão de configuração, uma vez que a gestão de figuração oferece a documentação das últimas versões de hardware e software à gestão de versões. Além disso, qualquer lançamento de novo hardware/software precisa de ser reflectido no CMDB.

4.7.11.3 Com a Gestão da Mudança

 A gestão da libertação coopera com a gestão da mudança ao longo do seu ciclo de vida. Lança as últimas versões de hardware/software a pedido da gestão da mudança. Também fornece apoio técnico que é necessário à gestão da mudança para trazer a mudança na organização. A gestão de mudanças também consente com as mudançasplaneadas pela gestão de versões.

Capítulo - 05

GESTÃO DE ARMAZENAMENTO

5.1 INTRODUÇÃO

A existência de dados num computador deve ter o seu próprio espaço específico, onde podem ser armazenados até um certo ponto até o utilizador os querer remover. Este espaço deve ser gerido adequadamente, de modo a garantir a melhor utilização do espaço do sistema. Para além de ter o espaço no sistema, ou seja, memória online, o utilizador pode também armazenar os seus dados nos componentes secundários suplementares dos meios de armazenamento. É aqui que entra em jogo a necessidade de gestão de armazenamento. A gestão de armazenamento garante que o espaço de armazenamento presente no sistema é utilizado ao máximo e que há menos desperdício de dados. O espaço de armazenamento num determinado sistema pode ser gerido de diferentes maneiras, de acordo com as exigências dos utilizadores e da organização. A abordagem para tal pode ser manual ou automática, dependendo da disposição definida pelo utilizador. A gestão do armazenamento segue a técnica de backup e arquivo para assegurar que os ficheiros menos utilizados são armazenados na memória offline, enquanto que os ficheiros acedidos regularmente são armazenados na memória online. O armazenamento destes ficheiros em memória offline ou online é baseado na sua importância. Ao utilizar a gestão de armazenamento hierárquico, os ficheiros podem ser transferidos de suportes dispendiosos para suportes de baixo custo, podendo assim poupar espaço de armazenamento para os ficheiros de acesso frequente e importantes. A importância da gestão de armazenamento é sentida em tempos de crise. É então que a empresa é obrigada a restaurar os seus dados no seu estado anterior. Em seguida, as cópias de segurança ou os arquivos que foram tomados anteriormente ajudam a organização na restauração dos dados.

5.2 GESTÃO DE ARMAZENAMENTO

A gestão de armazenamento significa armazenamento de dados informáticos. Em terminologia informática, o armazenamento pode ser definido como um local electrónico que pode armazenar instruções e dados, de onde o microprocessador do computador pode aceder rápida e facilmente aos mesmos.

O objectivo da gestão de armazenamento é caracterizar, manter e acompanhar os dados e recursos de dados na organização, para que os dados possam ser armazenados eficientemente. A principal função da gestão de armazenamento é assegurar o funcionamento e manutenção adequados dos meios de armazenamento.

A gestão de armazenamento lida tanto com armazenamento de dados offline como online para fins de restauração e arquivamento de dados numa organização. Também assegura que as cópias de segurança e os arquivos são periodicamente tomados para que, sempre que seja necessário restaurar dados, os dados que são restaurados sejam os últimos a serem modificados. Também mantém a segurança física dos arquivos e das cópias de segurança.

5.2.1 Processo de Gestão de Armazenamento

O processo de gestão do armazenamento pode ser entendido a partir da Figura. O fluxograma mostra claramente que o processo de gestão de armazenamento é um processo de levar backup e arquivo, restaurando-os no momento da crise, mas sobretudo mantendo-os sempre seguros até ao momento. Assim, compreende duas etapas: tomar estes pontos restaurados (ou seja, backup ou arquivo) e garantir o seu armazenamento seguro.

5.2.1.1 Iniciar o processo

A gestão do armazenamento inicia em primeiro lugar o processo de armazenamento dos dados de acordo com a sua importância e frequência de acesso. Depois disso, assegura-se de que é feita periodicamente uma cópia de segurança dos dados armazenados, de modo a poder restaurar os dados no momento em que são necessários.

5.2.1.2 Operação de Backup, Restauro e Recuperação de Dados

 O administrador de armazenamento assegura que as cópias de segurança e os arquivos são levados periodicamente para fins de restauração. O processo de efectuar a cópia de segurança pode ser manual ou automático, dependendo da exigência. As cópias de segurança podem ser efectuadas semanal, mensal ou anualmente, dependendo dos dados, e devem ser verificadas regularmente. A organização deve também manter um plano de recuperação para assegurar que os dados são recuperados.

5.2.1.3 Gestão de recursos de armazenamento

Uma vez tomadas as cópias de segurança e os arquivos, o passo seguinte é gerir o repositório de dados no qual todos estes são armazenados. Os dados importantes são colocados na memória online, enquanto as cópias de segurança e os arquivos são armazenados na memória offline num local seguro, com um mecanismo de segurança adequado.

5.2.1.4 Terminar o processo

O último passo é terminar o processo, que na realidade nunca termina. O processo está sempre em continuação na organização.

5.2.2 Benefícios da Gestão de Armazenamento

A gestão do armazenamento apresenta várias vantagens para a organização. Algumas das potenciais vantagens da gestão de armazenamento são as seguintes:

Redução dos custos operacionais de armazenamento dos dados.

Níveis de serviço consistentes.

Aumento da satisfação do cliente com o restauro rápido dos dados.

Melhor arranjo dos processos informáticos com processos empresariais.

Utilização mais proficiente dos recursos, incluindo a força humana.

5.3 ANTECEDENTES

Na tecnologia da informação, a cópia de segurança refere-se à realização de cópias de dados para que estas cópias adicionais possam ser utilizadas para restaurar o original depois, em caso de crise em que os dados sejam perdidos.

Os backups são importantes para restaurar os dados ao seu conteúdo original. Os backups são úteis principalmente para dois propósitos: restaurar os dados ao estado original após uma catástrofe e reduzir o tamanho da memória online.

Uma vez que a cópia de segurança contém pelo menos uma cópia de todos os dados que vale a pena guardar, os requisitos de armazenamento de dados para cópia de segurança são consideráveis. Existem vários modelos de repositório de dados que podem ser utilizados para fornecer estrutura ao armazenamento. As cópias de segurança devem ser feitas regularmente, de acordo com o calendário que foi decidido pela organização. O horário deve ser rigorosamente cumprido e deve haver uma determinação do prazo permitido para a cópia de segurança, se necessário.

As cópias de segurança devem ser armazenadas de acordo com a sua importância e frequência da exigência. Se as cópias de segurança forem armazenadas por um período mais longo, elas necessitarão de memória para o seu armazenamento. Para decidir o requisito e a importância, deve haver algum procedimento de avaliação que analise estes backups de tempos a tempos.

Os dados de backup são essenciais pelas seguintes razões:

Para evitar o congestionamento de dados no disco rígido do computador, reduzindo assim o desempenho do sistema. É uma abordagem inteligente arquivar frequentemente certos dados históricos no disco rígido do computador, fazendo cópias de segurança destes ficheiros e depois apagar os originais ou movê-los para a memória de armazenamento offline.

Para evitar a perda de dados em caso de crise. Ficheiros de dados significativos podem simplesmente ser apagados ou perdidos de um disco rígido de computador devido a avaria do software que destrói dados, disco ou outras falhas de hardware, tornando os dados inacessíveis, vírus informáticos, erro humano, por exemplo, a eliminação acidental de dados ou danos devidos a calamidades naturais, tais como incêndios ou inundações.

Restaurar os ficheiros e dados num novo escritório sem realmente copiar todos os dados do escritório anterior. O backup poderia ser utilizado para restaurar os dados quando a organização inicia uma nova configuração ou escritório sem atraso ou com um atraso mínimo.

5.3.1 Tipos de Backups

Quadro 5.1

Ilustra claramente os vários tipos de cópias de segurança seguidos.

Tabela 5.1 Tipos de Backups

Type	Description	Pros	Cons
Full backup	A complete set of the files which the user wishes to back up. Only need to perform a full backup occasionally	Provides a complete copy of all your data; makes it easy to locate files which need restoring	Takes a long time and most space on backup media; redundant backups created as most files remain static
Incremental backup	A backup of those files which have changed since the last backup of any type	Uses less time and space as only those files have backup which have changed	Restoring of files complex, as user have to reinstall the last full backup first, then all subsequent incremental backups in the correct order
Differential backup	A backup of those files which have changes after the last full backup. Should be performed at regular intervals	Requires less time and space than a full backup; more efficient than incre mental backups	Redundant data stored, Differential backups take longer time as more files are changed

5.3.2 Armazenamento

O armazenamento é necessário para armazenar quaisquer dados ou informações. Numa organização, vários dispositivos de armazenamento são utilizados de acordo com a exigência por vários processos empresariais. O meio de armazenamento utilizado é também escolhido com base no tipo de informação que tem de ser armazenada. O armazenamento não é utilizado apenas para armazenar dados ou informações actuais, mas também para armazenar dados antigos e importantes para uma organização, tais como cópias de segurança e arquivos. Dados tão importantes mas antigos são armazenados em memória offline num local seguro. O armazenamento utiliza vários meios para armazenar dados, por exemplo, para armazenar um ficheiro menos importante, pode utilizar um meio barato.

5.3.3 Modelos de Repositório de Dados

Os modelos de repositório de dados disponibilizam o espaço e a disposição em que as cópias de segurança ou arquivos podem ser armazenados. Cada estratégia de backup começa com o conceito de um modelo de repositório de dados. Os dados de backup devem ser armazenados de alguma forma e devem ser organizados de acordo com um mecanismo de segurança adequado. Diferentes modelos de repositório oferecem diferentes vantagens aos utilizadores. A selecção do modelo depende totalmente do esquema de rotação de cópia de segurança implementado pela organização.

5.3.3.1 Modelos de Repositório diferentes

Existem vários modelos de repositório de dados que uma organização pode implementar para guardar cópias de segurança. Cada modelo tem a sua própria vantagem e desvantagem. Depende totalmente da política da organização e do esquema de rotação de cópias de segurança utilizado pela organização. Os diferentes modelos são descritos como se segue: (a) Não estruturado: Um modelo de repositório de dados não estruturado poderia ser simplesmente uma pilha de disquetes ou suportes CD-R/DVD-R com informação insignificante sobre o que foi e quando foi feito o backup. Este modelo é utilizado principalmente quando o utilizador não quer gastar muito dinheiro e os dados não são de grande importância. Este modelo pode ser facilmente implementado, mas tem provavelmente a menor probabilidade de atingir um bom nível de recuperabilidade dos dados.

Vantagens:

- Barato
- Fácil de implementar
- Desvantagens:
- Oferece informação insignificante
- Não é bom para a recuperabilidade de dados

(b) Completo + Incremental:

Um repositório completo + incremental tenta armazenar numerosas cópias dos dados de origem para que as cópias de segurança possam ser ainda mais viáveis. Neste modelo em particular, inicialmente, é feito um backup completo de todos os ficheiros armazenados na memória online. Depois disso, qualquer quantidade de cópias de segurança incrementais pode ser tomada após um período de tempo fixo. Várias implementações de sistemas de cópia de segurança utilizam frequentemente uma descrição especializada ou contraditória destes termos. O problema neste modelo é que ele se torna muito complicado no momento da restauração dos dados.

Vantagens:

- Fácil de implementar
- Incremento requer menos espaço de armazenamento
- Desvantagens
- Dificuldade na restauração dos dados
- Mais ponto de restauração

(c) Protecção de dados contínua:

O modelo de protecção de dados contínua dá um passo adicional ao modelo completo + incremental e em vez de programar backups periódicos e armazená-los, o sistema regista instantaneamente cada modificação no sistema anfitrião, assim que houver alguma alteração no ambiente existente. Isto é geralmente conseguido através da gravação de diferenças de nível de bytes ou blocos, em vez de diferenças de nível de ficheiro. É diferente do habitual espelhamento em disco, na medida em que permite um roll-back dos ficheiros de registo e assim permitir a restauração da imagem antiga dos dados. É geralmente executado por software e o papel do trabalho manual é menor.

Vantagens:

- Abordagem automática
- O Roll-back é simples
- A restauração pode ser feita facilmente
- Desvantagens
- Caro
- Requer grande memória para guardar o ficheiro de registo após cada modificação

5.3.4 Meios de armazenamento

Para o armazenamento de dados, são necessários os meios de armazenamento. Os suportes de armazenamento incluem diferentes dispositivos de armazenamento que são utilizados em diferentes modelos de repositório de dados como por exigência. Cada suporte de armazenamento tem os seus próprios méritos e deméritos. Com o custo mais elevado dos suportes de armazenamento, vem uma maior capacidade e velocidade de armazenamento. Uma organização utiliza normalmente todos os suportes de armazenamento para armazenar dados de acordo com a sua importância e frequência de acesso. Alguns dos meios de armazenamento comummente utilizados são os seguintes:

- Fita magnética
- Transmissão magnética
- Disco duro
- Disco óptico
- Disquete
- Armazenamento em estado sólido
- Memória flash
- Serviço de backup remoto
- Unidades Zip

5.3.5 Gestão do Repositório de Dados

Pode ser simples fazer backups, mais fácil escolher os modelos de repositório de dados ou o dispositivo de armazenamento, mas para os gerir deve haver um equilíbrio entre acessibilidade, segurança e custo. Estas técnicas de gestão de meios não são mutuamente exclusivas e são frequentemente combinadas para satisfazer as necessidades da organização. A organização deve também ter um plano adequado para assegurar que vários repositórios de dados são geridos correctamente e, no momento de crise, a restauração dos dados é rápida e sem esforço.

5.3.5.1 Em linha

O armazenamento de backup on-line é o tipo de armazenamento de dados mais acessível, que pode restaurar dados em milissegundos de tempo. Um bom exemplo de armazenamento on-line é um disco rígido interno ou uma matriz de discos que pode ser ligado a redes de áreas de armazenamento. Este tipo de armazenamento é extremamente conveniente e rápido, mas é relativamente muito caro. O armazenamento em linha é vulnerável a ser apagado ou substituído, quer por acidente, quer por carga útil de vírus. Normalmente, os dados a que se acede frequentemente são armazenados no armazenamento de backup online.

5.3.5.2 Quase linha

O armazenamento near-line é menos prático e menos dispendioso do que o armazenamento on-line, mas mesmo assim é útil para o armazenamento de dados de reserva. Um bom exemplo de quase linha é uma biblioteca de cassetes com tempo de restauração que varia de segundos a alguns minutos. Na linha próxima, um dispositivo mecânico está normalmente envolvido na deslocação das unidades de armazenamento para uma unidade de disco de onde os dados podem ser lidos ou escritos.

5.3.5.3 Fora de linha

O armazenamento de cópias de segurança off-line é muito semelhante ao armazenamento near-line, excepto que a interacção humana está envolvida no primeiro em vez de um processo automático. Este armazenamento de cópias de segurança pode ser tão simples como o armazenamento de fitas de segurança num armário de ficheiros. O tempo de acesso aos meios de comunicação pode ser de alguns segundos a mais de uma hora. Os dados a que se acede com menos frequência são armazenados em armazenamento de cópias de segurança offline.

5.3.5.4 Cofre Fora do local

Para proteger contra uma crise ou de qualquer outra dificuldade específica do sítio, muitas organizações decidem enviar meios de comunicação de apoio para um cofre fora do sítio. O cofre pode ser tão fácil como a casa/escritório do administrador do sistema ou tão complicado como um bunker endurecido, com temperatura controlada e alta segurança, que tem instalações construídas para armazenamento de meios de backup.

5.3.6 Sítio de backup, Centro de Recuperação de Catástrofes ou Centro DR

Em caso de crise, os dados presentes nos meios de backup não serão por si só suficientes para fazer uma recuperação completa dos dados. Os sistemas informáticos em que os dados podem ser restaurados e as redes adequadamente configuradas são também necessários para uma recuperação adequada. Enquanto algumas organizações têm os seus centros de recuperação de dados pessoais que estão bem equipados para este cenário, enquanto outras organizações subcontratam esta tarefa a um centro de recuperação de dados de terceiros. Deve notar-se que os centros de recuperação de desastres são, em si mesmos, um enorme investimento; por conseguinte, raramente são utilizados. A abordagem habitual seguida pelas organizações é o espelhamento remoto do disco, o que permite que os dados de recuperação de desastres estejam actualizados. Os sítios de recuperação de desastres entram em acção assim que uma organização é atingida por algum tipo de crise para assegurar uma recuperação rápida.

5.4 RECUPERAÇÃO

A recuperação refere-se às diferentes operações envolvidas no restauro, na antecipação e na recuo de uma cópia de segurança. Basicamente, é o processo de trazer a organização para o mesmo estado antes do desastre. Backup e recuperação refere-se basicamente às diferentes estratégias e operações envolvidas, ao mesmo tempo que protege a base de dados contra qualquer perda de dados e reconstrói a base de dados no caso de ocorrer uma catástrofe. A recuperação de uma cópia de segurança inclui duas operações separadas: em primeiro lugar, fazer avançar a cópia de segurança para um momento mais actual, aplicando a função de refazer os dados e, em segundo lugar, fazer retroceder cada alteração feita em transacções não comprometidas para o seu estado original. Uma cópia de segurança restaurada pode ser sempre utilizada para realizar a operação de recuperação. Se tiverem sido efectuadas cópias de segurança periódicas da base de dados e se os dados forem perdidos devido a algum incidente, os utilizadores podem utilizar a informação restaurada na sua cópia de segurança mais recente para tornar a base de dados activa novamente. A recuperação permite aos utilizadores restaurar uma cópia de segurança mais antiga, aplicando alguma função de refazer dados, recuperando a base de dados para um estado anterior. A este tipo de recuperação chama-se recuperação incompleta dos meios. No entanto, se as cópias de segurança forem consistentes, então o utilizador não precisa de aplicar qualquer função de refazer dados. A recuperação básica inclui duas operações: primeiro, restaurar uma cópia de segurança física e, posteriormente, actualizá-la com as alterações feitas à base de dados após a realização da última cópia de segurança. A característica mais vital da recuperação é assegurar que todos os ficheiros de dados são consistentes com a reverência ao ponto semelhante no tempo.

5.4.1 Tipos de Recuperações

A recuperação significa restaurar os dados no seu estado anterior antes do incidente. Uma organização pode escolher diferentes abordagens para recuperar dados a partir de cópias de segurança. Existem três tipos básicos de recuperações: recuperação de instâncias, recuperação de crash e recuperação de meios.

5.4.1.1 Recuperação de instâncias

A recuperação da instância acontece numa base de dados aberta quando uma instância se apercebe que outra instância se despenhou ou falhou devido a algum incidente. Então, a instância sobrevivente utiliza automaticamente o registo de refazer para recuperar os dados cometidos nos buffers da base de dados que foram perdidos quando a instância falhou. A recuperação da instância é automática e é normalmente utilizada quando o grau de falha não é grande e uma das instâncias está a funcionar correctamente.

5.4.1.2 Recuperação de Crash

A recuperação de uma falha ocorre quando uma base de dados de uma única instância falha ou em todas as instâncias de falha de bases de dados de várias instâncias. Na abordagem de recuperação de falhas, uma instância deve primeiro abrir a base de dados falhada e depois tentar executar operações de recuperação. A abordagem de recuperação de falhas tenta trazer a base de dados para o mesmo estado antes de esta cair, utilizando os registos e refazer as funções de dados.

5.4.1.3 Recuperação dos Media

A terceira abordagem utilizada para a recuperação é a recuperação dos meios de comunicação social. Ao contrário das abordagens anteriores de crash e recuperação de instância, a recuperação dos media executa-se sob o comando do utilizador, geralmente em reacção à falha dos media devido a alguma incidência. Na abordagem da recuperação de meios de comunicação, são utilizados registos em linha ou arquivados para fazer uma corrente de backup restaurada ou para a actualizar para um determinado ponto no tempo. A recuperação dos media pode restaurar a base de dados completa, um espaço de tabela ou um ficheiro de dados e recuperá-los a um determinado momento. A abordagem da recuperação dos media pode ser iniciada manualmente, de acordo com os requisitos da organização.

5.4.2 Termos comuns em recuperação

Há certas frases ou palavras comuns que são utilizadas enquanto o processo de recuperação é realizado. Estas frases são geralmente universais e são utilizadas pela maior parte da organização. Alguns dos termos comuns que são utilizados durante o processo de recuperação são os seguintes:

5.4.2.1 Objectivo do Ponto de Recuperação (RPO)

RPO é o ponto para estimar o tempo máximo entre o último backup disponível e qualquer potencial ponto de falha. É calculado pela quantidade de dados que a empresa/organização pode dar-se ao luxo de perder em caso de falha.

5.4.2.2 Objectivo do Tempo de Recuperação (RTO)

A RTO estima o tempo máximo que um processo empresarial tem de dispensar para a recuperação de dados. É calculado pela quantidade de tempo que o processo de negócio pode dispensar para que o site ou serviço esteja indisponível aos seus utilizadores.

5.4.2.3 Objectivo do Nível de Recuperação (RLO)

O RLO é um objectivo que classifica a granularidade com que a organização deve ser capaz de recuperar dados, quer seja capaz de recuperar toda a base de dados, aplicação web, recolha de sites, site de negócios ou qualquer outro item.

5.5 ARQUIVO

Um arquivo refere-se a uma colecção de procedimentos históricos e refere-se também ao local onde estes registos são armazenados. Os arquivos são basicamente constituídos por registos, dados e informações que foram recolhidos ao longo da vida de uma organização. Por exemplo, os arquivos de uma pessoa individual podem incluir papéis, fotografias, ficheiros informáticos, livros de recortes, relatórios financeiros, diários ou qualquer outro tipo de material documental produzido ou recolhido pelo indivíduo em todas as formas e suportes. Os arquivos de uma organização, por outro lado, são susceptíveis de incluir vários tipos de registos, tais como ficheiros administrativos, relatórios de negócios, memorandos, correspondência oficial, actas de reuniões ou qualquer outro material de importância para uma organização. Geralmente, os arquivos de qualquer indivíduo ou organização consistem em registos que foram particularmente seleccionados para preservação permanente ou a longo prazo, devido ao seu valor ou importância para a investigação a longo prazo. A diferença entre arquivo e cópia de segurança é que enquanto arquivo é mais fácil de tratar arquivos complexos e múltiplos; a cópia de segurança é utilizada para armazenar todos os dados da organização num local mais seguro. O arquivo também permite ao utilizador seleccionar ficheiros individuais e colocá-los em arquivo, enquanto que isso não é possível nos backups. Também em arquivo os ficheiros são mais seguros do que as cópias de segurança.

5.6 RECUPERAÇÃO EM CASO DE CATÁSTROFE

A recuperação em caso de catástrofe são os processos, políticas e procedimentos associados à preparação para a recuperação ou para a continuação de uma infra-estrutura tecnológica significativa para uma organização após uma catástrofe natural ou induzida pelo homem. Um plano de recuperação de desastres (DRP) que também é por vezes referido como plano de continuidade de negócios (BCP) ou como plano de contingência de processos de negócios (BPCP) descreve basicamente como uma organização tem de lidar com potenciais desastres que a possam afectar. Tal como um desastre é um incidente que torna impossível a continuação de funções e processos de negócio normais , um plano de recuperação de desastres inclui todas as precauções que devem ser consideradas para que os efeitos de um desastre sejam mínimos no processo de negócio .

O planeamento da recuperação de desastres é um subconjunto de um plano de processo maior conhecido como planeamento da continuidade do negócio e deve incluir o planeamento para uma retoma mais rápida das aplicações e do processo de negócio, dados, artigos duros, comunicações e outras infra-estruturas de TI necessárias para o processo de negócio. Um plano de continuidade de negócios (PCN) envolve o planeamento de aspectos não associados às TI, por exemplo, recursos humanos chave, instalações, comunicação de emergência e protecção da reputação, e deve referir-se ao plano de recuperação de desastres (PRD) para a recuperação ou continuidade da infra-estrutura associada às TI.

A recuperação em caso de catástrofe tornou-se um aspecto cada vez mais essencial da computação organizacional. À medida que os dispositivos, sistemas e redes se tornam ainda mais complexos, existem simplesmente mais infra-estruturas que podem correr mal. Como resultado, os planos de recuperação também se tornaram ainda mais complexos. Os planos adequados de recuperação de desastres diferem de uma organização para outra, de um processo empresarial para outro dependendo de várias variáveis tais como o tipo de negócio, os processos envolvidos e o nível de segurança necessário para estes processos empresariais. O planeamento da recuperação em caso de catástrofe pode ser desenvolvido dentro de uma organização ou pode ser adquirido como uma aplicação de software ou como um serviço. Não é anormal que uma organização gaste 25% do seu orçamento de tecnologia de informação em recuperação de desastres, uma vez que sabe a importância do plano.

No entanto, o acordo no seio da indústria de recuperação de desastres é que a maioria das organizações ainda está mal preparada para uma catástrofe. Elas fazem o plano quando a organização é atingida por uma catástrofe. De acordo com o local de recuperação de desastres, independentemente do número de desastres públicos ocorridos desde o 11 de Setembro, apenas cerca de 50% das empresas relatam ainda ter um plano de recuperação de desastres. Mesmo daquelas 50 por cento das organizações que têm o plano, quase metade delas nunca testaram o seu plano, o que equivale a não o ter de todo, e as que testaram o plano nunca o voltam a verificar para verificar se o plano funcionará bem numa catástrofe.

5.6.1 Plano de recuperação de testes

Fazer o plano é diferente de o testar em ambiente real, de modo a verificar que funcionará bem se a organização for atingida por um desastre. Por conseguinte, é essencial verificar o plano de recuperação de desastres elaborado pela organização. O plano de recuperação de desastres pode ser testado e verificado por vários métodos. Alguns deles são os seguintes:

5.6.1.1 Passagem

É o método mais simples para testar um determinado plano. Os membros da equipa, que fizeram parte da sua preparação, verificam todas as etapas do plano para descobrir todas ou algumas inconsistências. Se encontrarem quaisquer inconsistências, devem comunicá-lo e alterá-lo em conformidade.

5.6.1.2 Simulação

O outro método de testar o plano de recuperação é através da criação de um ambiente simulado. A simulação significa criar uma situação que se assemelhará a uma catástrofe da forma mais próxima possível. Uma vez estabelecido o ambiente, os membros da equipa aplicam o plano desenvolvido para o verificar.

5.6.1.3 Lista de verificação

Outro método para testar o plano é comparando-o com uma lista de verificação ordenada. Membros de diferentes departamentos/equipas verificam as tarefas pelas quais são responsáveis e colocam uma marca contra a acção por cada formado na lista de verificação.

5.6.1.4 Testes paralelos

Este tipo de testes é muito invulgar. Neste teste, o plano é testado quando os serviços completos estão ligados, ou seja, os testes de apoio ocorrem em conjunto com os serviços de produção que nunca param.

5.6.1.5 Interrupção total

Este tipo de testes é exactamente o oposto aos testes paralelos. Neste teste, as operações são fechadas para verificar os planos e as cópias de segurança.

5.6.2 Passos para Desenvolver um Processo Eficaz de Recuperação de Catástrofes

Para desenvolver um processo/planeamento eficaz de recuperação de desastres, a organização necessita de tomar várias medidas. Os passos seguintes são necessários para desenvolver um processo eficaz de recuperação de desastres. Os passos devem ser executados na referida ordem.

1. Adquirir apoio executivo: A aquisição de apoio executivo, principalmente sob a forma de um patrocinador executivo, é o principal requisito para desenvolver um processo/plano robusto de recuperação de desastres. Como existem vários recursos necessários para planear e continuar um processo empresarial eficaz e todos estes recursos requerem a aprovação de financiamento da direcção para a elaboração do plano de recuperação de desastres e para a sua conclusão. É aqui que é necessário o papel de um apoio executivo - para desenvolver um plano eficaz de recuperação em caso de desastre.

A importância do apoio executivo é que os gestores são normalmente os primeiros a serem notificados quando uma catástrofe realmente acontece. Há numerosas responsabilidades de um patrocinador executivo de recuperação de desastres, como seleccionar um proprietário do processo de recuperação de desastres, obter o apoio de vários gestores da equipa multifuncional para garantir que todos os participantes são devidamente escolhidos e estão empenhados no sucesso do processo.

2. Seleccione um Proprietário do Processo: O proprietário do processo seleccionado pelo patrocinador executivo para o processo de recuperação de desastres é o indivíduo mais importante que está envolvido neste processo devido aos muitos papéis-chave que esta pessoa desempenha durante a execução bem sucedida do processo.

O proprietário do processo deve reunir e liderar a equipa multifuncional em numerosas actividades diversas, como a preparação da análise de impacto empresarial, o reconhecimento e priorização dos requisitos, o desenvolvimento de políticas de continuidade empresarial, a escolha de um prestador de serviços externo e a realização de testes realistas do processo empresarial. O proprietário do processo deve exibir numerosos atributos-chave e deve ser escolhido com muita cautela. Entre os candidatos prováveis que podem ser escolhidos como proprietários do processo incluem-se um supervisor de operações, o gestor do centro de dados ou mesmo o gestor da infra-estrutura.

3. Montar uma equipa multifuncional: A primeira e última tarefa do proprietário do processo é reunir uma equipa inter-funcional cujos membros incluem representantes de vários departamentos de áreas muito espalhadas - internas e externas à organização informática. Este pessoal deve ser reunido numa equipa de concepção multifuncional. Os membros escolhidos de vários departamentos incluem tipicamente operações informáticas, segurança de dados,

desenvolvimento de aplicações, departamentos-chave de clientes, segurança física, administração de servidores e sistemas, instalações e operações de rede.

Esta equipa trabalha em vários requisitos, realizando uma análise de impacto empresarial no processo empresarial, seleccionando um prestador de serviços externo, planeando e concebendo o processo final global de recuperação, identificando vários membros da equipa de recuperação, realizando testes do processo de recuperação com base no plano, e finalmente documentando completamente o plano e distribuindo-o à gestão de topo para aprovação.

4. Conduzir uma Análise de Impacto nos Negócios: Mesmo os planos de recuperação de desastres mais abrangentes não são capazes de justificar a despesa de envolver todos os processos e aplicações empresariais no plano de recuperação. O registo e prioritização dos processos empresariais críticos no plano de recuperação de desastres deve representar toda a organização e os diferentes processos empresariais. Importantes utilizadores finais de TI devem ajudar a coordenar este esforço de prioritização dos processos empresariais críticos com o proprietário do processo, para garantir que todos os processos empresariais críticos sejam incluídos.

5. Identificar e dar prioridade aos requisitos: A principal actividade da equipa interfuncional é o brain- tempestade as características necessárias para o processo empresarial. Os requisitos do processo empresarial incluem a caracterização de um critério específico para a afirmação de uma catástrofe e a determinação dos processos empresariais a serem recuperados primeiro e em que prazo. Os requisitos técnicos incluem que tipos de plataformas são adequadas para dispositivos de recuperação de servidores, discos, e quanta largura de banda será necessária para a recuperação, enquanto que os requisitos logísticos consistem no tempo necessário para declarar um desastre e planeamento do transporte em ambos os locais, ou seja, o local do desastre e o local da recuperação.

6. Avaliar Possíveis Estratégias de Continuidade de Negócios: Uma vez que os requisitos tenham sido priorizados, o passo seguinte para a equipa multifuncional é avaliar todas as estratégias possíveis para a continuidade do negócio. Após a análise de impacto empresarial e a lista de requisitos priorizados gerada na etapa anterior, as equipas inter-funcionais recomendam e avaliam várias estratégias alternativas de continuidade empresarial de modo a que as melhores possam ser incluídas no plano. Estas estratégias incluem normalmente locais remotos alternativos dentro da organização e outros locais geográficos quentes fornecidos por um prestador de serviços externo.

7. Escolher os Participantes e Clarificar as suas funções para a equipa de recuperação:

Uma vez verificadas todas as estratégias possíveis, o próximo passo é a escolha de participantes de diferentes departamentos. A equipa multifuncional selecciona indivíduos que serão responsáveis pelas actividades de recuperação após qualquer catástrofe. A equipa de recuperação pode ser semelhante à equipa multifuncional, da mesma forma que os membros são de diferentes departamentos. Uma vez escolhida a equipa de recuperação, é essencial que os papéis e responsabilidades de cada membro sejam claramente definidos, documentados e comunicados para que saibam o que se espera deles no momento da exigência.

8. Documentar o Plano de Recuperação de Catástrofes:

A actividade oficial final para a equipa multifuncional é documentar um plano de recuperação de desastres a ser utilizado pela equipa, que é responsável por manter a precisão, acessibilidade e distribuição. A documentação do plano envolve também diagramas e documentos de configuração actualizados do hardware, software e componentes de rede necessários no processo de recuperação.

9. Planear e Executar o Teste Programado Frequente do Plano de Recuperação: Uma vez formado o plano, incluindo todo o diagrama de configuração e documento necessário dos vários componentes, é tempo de planear e executar os testes programados do plano de recuperação. Os planos de recuperação em caso de catástrofe devem ser testados pelo menos uma vez por ano para verificar a sua validade. As organizações progressivas testam o plano de recuperação 3 ou 4 vezes por ano. Durante o teste, é mantida uma lista de verificação para registar as características e duração de cada tarefa que foi executada e testada para comparação futura com as tarefas planeadas.

10. Realizar Lições-Learning Post-mortem após cada Teste: Uma vez feito o planeamento e execução do plano de recuperação, é o momento de testar as lições aprendidas. O motivo é rever com precisão como o teste foi executado, bem como identificar o que correu bem, o que é necessário para melhorar o desempenho do plano, e que melhorias ou eficiências poderiam ser acrescentadas para melhorar futuros testes.

5.7 GESTÃO DO ESPAÇO

A gestão do espaço reconhece os ficheiros que são menos significativos ou que não foram utilizados extensivamente durante um período de tempo e transfere estes ficheiros da memória activa para a memória passiva, ou seja, da dispendiosa memória em uso para dispositivos de memória secundária baratos. A transferência de ficheiros é feita de acordo com a hierarquia da memória. O gestor de armazenamento utiliza diferentes técnicas, tais como técnicas de gestão de armazenamento hierárquico, que transferem automática e transparentemente os ficheiros de menor importância e a que não se acede com frequência. A gestão do espaço é muito essencial para uma organização, para que qualquer ficheiro crítico seja fornecido com o espaço a armazenar na memória online do sistema. Além disso, os ficheiros de acesso menos frequente são transferidos para um suporte de custo reduzido, de modo a reduzir as despesas de espaço de memória necessário para guardar os ficheiros. Se os ficheiros não forem transferidos da memória online para a memória offline, poderá haver uma situação em que, a memória online esteja cheia e os utilizadores não sejam capazes de guardar os seus ficheiros importantes na memória online. A transferência de ficheiros da memória em linha para a memória offline pode ser feita periodicamente ou com base na necessidade. Quando os ficheiros são transferidos periodicamente, há uma duração fixa de tempo em que a actividade de gestão do espaço tem lugar, enquanto que, neste último caso, a actividade de gestão do espaço tem lugar de acordo com a exigência do utilizador. Contudo, qualquer um dos processos é seguido se a transferência for automática, e basicamente quando o sistema está inactivo.

5.8 GESTÃO DE ARMAZENAMENTO HIERÁRQUICO

A gestão de armazenamento hierárquico (HSM) é um procedimento de armazenamento de dados que transfere automaticamente dados entre suportes de armazenamento de alto e baixo custo (ver Figura 5.2). Estes sistemas existem como dispositivos de armazenamento de alta velocidade, tais como disco rígido; são mais caros do que dispositivos mais lentos, tais como unidades de fita magnética. Por conseguinte, seria perfeito ter todos os dados sempre acessíveis em dispositivos de alta velocidade, o que é proibitivamente demasiado caro para a maioria das organizações. Em vez disso, os sistemas HSM acumulam o volume

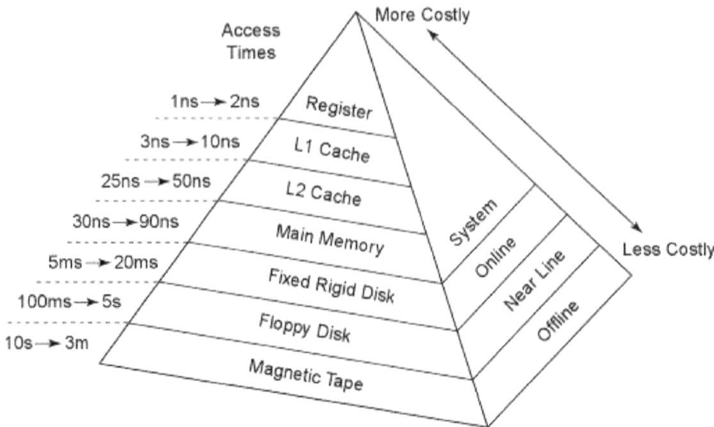

dos dados da empresa em dispositivos mais lentos e depois copiar estes dados para unidades de disco mais rápidas quando necessário. Como resultado, o HSM transforma as unidades de disco rápido em caches para os dispositivos dearmazenamento em massa mais lentos . Este sistema monitoriza a forma como os dados são utilizados e faz as melhores presunções quanto aos dados que podem ser transferidos com segurança para dispositivos mais lentos e quais os dados que devem permanecer nos dispositivos rápidos. Num cenário HSM clássico, os ficheiros de dados que são frequentemente avaliados são armazenados em unidades de disco, mas acabam por ser transferidos para unidades de fita se não forem utilizados durante um período de tempo definido. Se um utilizador reutilizar um ficheiro que esteja em unidades de fita, então esse ficheiro é automaticamente transferido de volta para o armazenamento em disco. A vantagem do HSM é que toda a quantidade de dados armazenados pode ser muito maior do que a capacidade total do armazenamento em disco disponível, mas como apenas ficheiros raramente utilizados armazenados em cassetes, a maioria dos utilizadores normalmente não notará qualquer abrandamento na avaliação dos ficheiros. A gestão hierárquica do armazenamento é ocasionalmente referida como armazenamento por níveis. É bastante diferente da cópia de segurança, uma vez que, em vez de mover ficheiros, isto requer que os utilizadores solicitem um espaço para guardar ficheiros. Esta gestão mantém os ficheiros migrados disponíveis, deixando os tocos. A aplicação HSM pode ser baseada em limiares de migração e políticas sobre vários factores e combinações destes factores, incluindo idade, tamanho, utilizador, data da última utilização e aplicação. Estes factores dependem da política implementada pela organização e podem ser únicos ou combinados de vários desses factores.

5.9 ARMAZENAMENTO CONECTADO À REDE

O armazenamento em rede é um sistema de armazenamento de dados a nível de ficheiro ligado a uma rede informática que apresenta o acesso aos dados a clientes de rede heterogéneos através de uma rede. Um componente de armazenamento ligado em rede é fundamentalmente um computador autónomo ligado a uma rede, com a única razão de fornecer serviços de armazenamento de dados baseados em ficheiros a dispositivos adicionais presentes na rede. O sistema operativo e outro software na componente de armazenamento ligado à rede oferecem a funcionalidade dos sistemas de ficheiros, armazenamento de dados e acesso a ficheiros, e uma gestão adequada destas funcionalidades aos utilizadores. As unidades de armazenamento ligadas à rede geralmente não têm um quadro ou visor de chaves, e são basicamente controladas e configuradas através da rede, frequentemente ligando um browser ao seu endereço de rede. Na sua forma mais fundamental, um servidor de ficheiros dedicado não é mais do que uma unidade de armazenamento ligada à rede com teclado e visor e um sistema operativo, que embora optimizado para fornecer serviços de armazenamento a diferentes utilizadores pode executar outras tarefas; no entanto, os servidores de ficheiros são gradualmente mais utilizados para fornecer funcionalidades adicionais, tais como serviços de correio electrónico, fornecimento de serviços de base de dados, etc.

Os sistemas de armazenamento ligados em rede incluem um ou mais discos rígidos, normalmente dispostos em recipientes de armazenamento lógicos e redundantes ou matrizes RAID. Elimina a responsabilidade de servir ficheiros de servidores suplementares na rede para um determinado utilizador. O armazenamento ligado em rede implementa protocolos baseados em ficheiros tais como SMB/CIFS (Server message block/ common Internet file system) ou NFS (Network File System, popular nos sistemas UNIX). As suas unidades quase nunca limitam os clientes a um único protocolo. Podem fornecer tanto o armazenamento como o sistema de ficheiros aos utilizadores da rede a que está ligado (ver Figura).

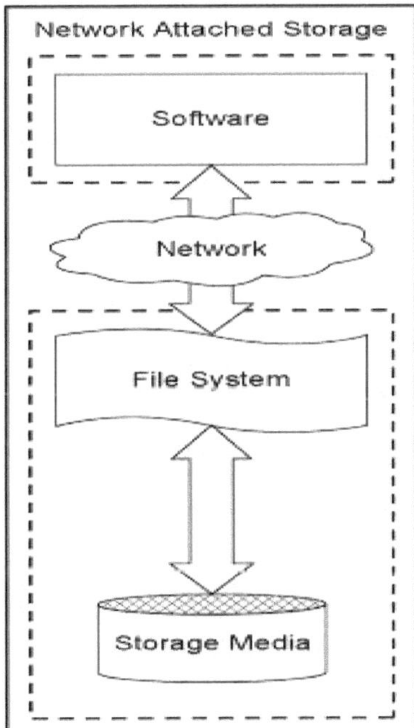

5.9.1 Benefícios

Os benefícios da utilização do NAS são os seguintes:

- A disponibilidade de dados aumenta potencialmente com o armazenamento conectado à rede se este proporcionar RAID e clustering incorporados.

- O desempenho é aumentado pelo armazenamento ligado à rede, uma vez que o serviço de ficheiros é feito pelo servidor de armazenamento ligado à rede e não por outro servidor que também é responsável por outro processamento.

5.9.2 Drawbacks

- Devido ao multi-protocolo, e às reduzidas camadas de CPU e SO, o NAS tem as suas próprias limitações. Alguns dos inconvenientes do armazenamento ligado à rede são os seguintes:
- Se o armazenamento conectado à rede estiver ligado a demasiados utilizadores ou a demasiadas funções de E/S ou ao poder de processamento da CPU que seja demasiado desafiante, então o desempenho do armazenamento conectado à rede atinge as suas limitações.
- O armazenamento em rede é restrito à sua própria configuração de hardware, que na maioria dos casos não é actualizável.
- Certos dispositivos de armazenamento ligados à rede não conseguem representar serviços bem conhecidos que são característicos de um servidor de ficheiros ou habilitá-los de uma forma que não é eficiente.

5.9.3 Utilizações

O armazenamento em rede é útil para mais do que apenas o armazenamento centralizado comum fornecido aos computadores dos clientes em ambientes de rede com grandes quantidades de dados. Pode permitir sistemas mais simples e baratos, tais como o balanceamento de carga, ao fornecer-lhes serviços de armazenamento. O custo do dispositivo de armazenamento conectado à rede baixou nos últimos anos, oferecendo armazenamento flexível baseado em rede ao mercado doméstico de consumo por pouco mais do que o preço de um disco rígido externo USB normal.

5.10 REDE DE ÁREAS DE ARMAZENAMENTO

Uma rede de área de armazenamento (SAN) é um desenho para ligar dispositivos de armazenamento remoto de computadores a servidores de tal forma que os dispositivos aparecem como localmente ligados ao sistema operativo. Embora o preço e a complexidade da rede de áreas de armazenamento estejam a diminuir, continuam a ser incomuns fora das grandes organizações.

Os sistemas operacionais ainda examinam uma rede de áreas de armazenamento como um conjunto de LUN, e frequentemente sustentam os seus próprios sistemas de arquivo sobre eles. Estes sistemas de arquivo locais, que não podem ser partilhados entre múltiplos sistemas operativos, são principalmente fiáveis e mais comummente utilizados. Assim, a distribuição de dados entre sistemas através de uma rede de áreas de armazenamento necessita de soluções avançadas, tais como os sistemas de ficheiros SAN. Independentemente destas preocupações, a rede de área de armazenamento ajuda a aumentar a utilização da capacidade de armazenamento, uma vez que múltiplos servidores partilham o mesmo espaço de armazenamento nas arrays de disco. A aplicação geral de uma rede de área de armazenamento é para a utilização de dados de acesso de transição que envolvem acesso de alta velocidade em bloco a discos rígidos, tais como bases de dados ou servidores de correio electrónico.

5.10.1 Infra-estrutura SAN

A rede de áreas de armazenamento funciona normalmente numa topologia de tecido de canal de fibra, uma infra-estrutura especialmente concebida para lidar com grandes comunicações de armazenamento. Apresenta um acesso mais rápido e mais consistente do que os protocolos de nível superior utilizados na área de armazenamento em rede. Um tecido é semelhante ao conceito de. Um segmento de rede numa rede de área local. Um tecido SAN de canal de fibra habitual consiste num número de comutadores de canal de fibra (ver figura). Actualmente, todos os principais fornecedores de equipamento de rede de área de armazenamento fornecem alguma forma de resolução de encaminhamento de canais de fibra e estas resoluções trazem vantagens consideráveis de escalabilidade à arquitectura de rede da área de armazenamento, permitindo que os dados se cruzem entre dois tecidos diferentes sem se fundirem.

5.10.2 Vantagens

Os benefícios da utilização de SAN são os seguintes:

A partilha de armazenamento geralmente simplifica a administração de armazenamento e acrescenta flexibilidade, uma vez que cabos e dispositivos de armazenamento não têm de ser fisicamente transferidos de um servidor para outro.

 A capacidade da rede de áreas de armazenamento permite que os servidores arranquem a partir do servidor SAN.

As redes de áreas de armazenamento também ajudam a permitir processos mais eficientes de recuperação de desastres.

Uma rede de áreas de armazenamento poderia atravessar um local distante, incluindo uma matriz de armazenamento secundário.

Isto permite a replicação de armazenamento executada por controladores de matriz de disco ou por dispositivos de rede de área de armazenamento dedicados.

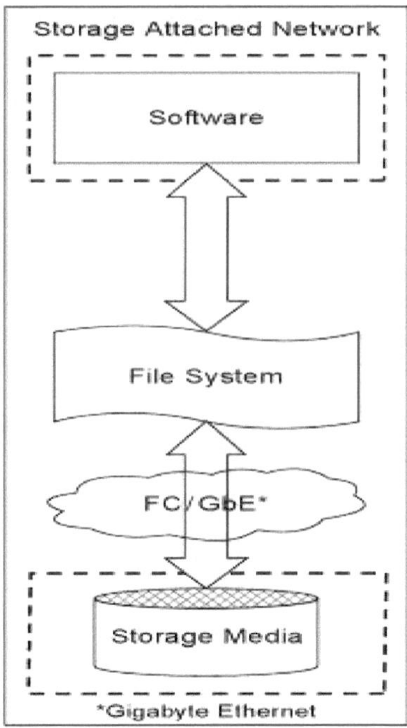

5.11 RECUPERAÇÃO DA MÁQUINA NUA

A recuperação da máquina nua pode ser descrita como a capacidade de recuperar o sistema operativo na mesma condição em que se encontrava num determinado período de tempo da Figura SAN Architecture. Colocará o sistema na condição em que se encontrava num determinado período de tempo, ou seja, o mesmo software que foi instalado anteriormente estará presente após a recuperação. Além disso, se houver qualquer modificação no tema ou aparência do sistema operativo, eles também estarão presentes. Esta recuperação restaurará o sistema ao estado do último backup. A recuperação da máquina nua tornou-se uma parte vital do plano de gestão de desastres, uma vez que apenas elimina a necessidade de uma pessoa instalar o sistema operativo após a crise ou desastre. Abrange cada instalação ou personalização, de modo que mesmo que o utilizador não se lembre das alterações que fez, não precisa de se preocupar com elas. Esta recuperação tornou-se uma parte essencial dos planos de recuperação do negócio. Por mais eficiente que tenha sido o backup do sistema, após a ocorrência de um desastre, são necessárias horas de um especialista para o pôr a funcionar. Portanto, uma solução integrada de recuperação da máquina nua é para tais circunstâncias e assegura que os servidores vitais estejam preparados para utilização dentro de poucos minutos após o desastre sem perda de quaisquer dados significativos e permite o funcionamento do processo empresarial sem interrupções.

5.11.1 Benefícios da BMR

Os benefícios da recuperação da máquina nua são os seguintes:

- Com a recuperação da máquina nua, o sistema está preparado para ser utilizado em minutos.
- A dificuldade na instalação do software ou pacote é removida.
- Com a recuperação da máquina nua, a dificuldade da gestão do espaço é também reduzida.

5.11.2 Requisito da BMR

A recuperação da máquina nua é necessária pelas seguintes razões:

- Em qualquer caso de desastre, é necessário um plano de recuperação da máquina nua para preparar rapidamente os sistemas para o funcionamento.
- A perda ou danos no software, incluindo o sistema operativo, é mínima.
- Corrupção ou eliminação de ficheiros do sistema operativo por vírus, intrusos e erros do utilizador.

5.11.3 Estratégias de BMR

A recuperação da máquina nua pode ser implementada através de várias estratégias. Estas estratégias estão divididas em dois grupos e são as seguintes:

5.11.3.1 Reinstalação do sistema

Nesta estratégia, o sistema é completamente reinstalado pela assistência de CD's de instalação. Esta abordagem é apropriada para aquelas máquinas padronizadas que têm um controlo totalmente centralizado. Esta estratégia é morosa e pode demorar algumas horas a recuperar. Este processo não pode ser utilizado para a padronização em sistemas operativos e plataformas diferentes.

5.11.3.2 Backup e Restauro do Sistema

Esta estratégia utiliza ficheiros quer de cópias de segurança de ficheiros, tais como CBMR, quer de cópias de segurança de imagens, tais como Ghost. Este tipo de abordagem restaura o sistema em poucos minutos e pode ser utilizado para padronizar sistemas operacionais e arquitecturas semelhantes. No entanto, esta estratégia requer software suplementar para cuidar do processo de backup e restauração juntamente com espaço extra para armazenar os ficheiros de backup. Para que esta estratégia seja bem sucedida, é necessária a realização de cópias de segurança regulares que precisam de ser monitorizadas.

Exemplos de diferentes estratégias de recuperação de máquinas nuas são os seguintes:

Reinstalação a partir de CDs originais licenciados CBMR

CBMR

Fantasma V21

Protector

Veritas BMR

5.11.4 Factores Críticos para o Software BMR

Existem alguns parâmetros para validar o desempenho da recuperação da máquina nua. Estes factores são críticos para o desempenho do processo de BMR. Alguns destes factores são os seguintes:

Velocidade de recuperação: A capacidade de restaurar o sistema em horas ou minutos, dependendo das circunstâncias, é um desafio significativo. Este é o factor mais importante ao seleccionar o software BMR.

Complexidade do software: A realização de software BMR também depende da dificuldade do software BMR utilizado, ou seja, da sua administração; a instalação e o processo de recuperação em função da sua complexidade também pode ser um factor vital para o sucesso.

Requisitos de armazenamento: Dependendo da cópia de segurança feita pelo software, o requisito de armazenamento será modificado. Se a cópia de segurança estiver cheia, então o espaço para armazenamento será maior em comparação com a cópia de segurança incremental que requer menos espaço de memória. O espaço pode variar de poucos Megabytes a Gigabytes.

Custo: O custo do software depende do tempo de recuperação. Quanto mais rápido o software reinstala ou recupera os ficheiros, mais é o seu custo.

5.12 RETENÇÃO DE DADOS

A retenção de dados descreve as políticas de gestão regular de dados e registos para satisfazer as necessidades de arquivo de dados autorizados e comerciais. Uma política de retenção de dados considera as apreensões oficiais e de privacidade contra a economia e exige o conhecimento das preocupações para decidir as regras de arquivo, o tempo de retenção e os meios permitidos de armazenamento, acesso e encriptação.

Obrigadas pelo contrato, inovação e aspectos de armazenamento, as organizações estão a implementar rapidamente sistemas de retenção de dados. Estes novos sistemas de retenção de dados proporcionam às empresas o nível de prontidão de litígio de que necessitam para tomar medidas no sentido de descobrir e auditar as necessidades num prazo adequado e sem riscos.

As propostas de retenção de dados envolvem a gestão de quantidades importantes de dados não estruturados. Isto gera grandes desafios para as iniciativas de retenção de dados.

5.12.1 Data Ingest

A introdução de dados antigos no sistema de retenção de dados pode ser feita tanto nas fases iniciais de implementação do sistema, como nas operações em curso.

A filtragem eficiente dos dados antigos é importante para o sucesso da implementação de um sistema de retenção de dados. O procedimento de ingestão de dados envolve a selecção, carregamento e codificação de dados preexistentes na plataforma de retenção de dados pretendida. Os dados preexistentes são normalmente de natureza não estruturada.

5.12.2 Gestão de dados

A gestão de dados inclui a monitorização, pesquisa, administração e gestão de dados dentro do sistema de retenção de dados. A actual gestão de dados dentro do sistema de retenção de dados ocupa a aplicação de políticas de retenção comercial e a recolha de ficheiros do interior do repositório, a serem propostos em resposta a eventos regulamentares, investigativos e processuais.

5.12.3 Erros durante a Política de Retenção de Dados Que podem ser evitados

Há erros frequentes que o profissional de TI comete enquanto tem retenção de dados. Estes erros podem ser evitados sem esforço, bastando um pouco de atenção quando o processo de retenção está em curso. Estes erros são enumerados da seguinte forma para ajudar um profissional de TI a evitá-los durante a retenção de dados.

O correio electrónico e as mensagens instantâneas são registos empresariais que normalmente são ignorados enquanto o processo de retenção de dados está em curso.

Informações adicionais tais como regras e regulamentos, políticas, planos, procedimentos e relatórios de auditoria podem ser registos empresariais importantes, que não devem ser negligenciados.

A organização pode exigir os dados que foram destruídos ou apagados a fim de se apoiar em futuras auditorias e procedimentos legais.

A restrição de retenção de toda a informação relacionada com as empresas é diversa. De acordo com o requisito de organização, os dados têm de ser preservados pela equipa que transporta a retenção de dados. Devem destruir ou apagar dados que já não tenham utilidade para o fim a que se destinam.

Acreditar que o departamento de TI tem a capacidade exclusiva de administrar uma função significativa é um dos maiores equívocos da equipa que transporta a retenção de dados.

Acreditar que a limitação do espaço das acções, do volume das caixas de correio dos utilizadores, irá reger a retenção é um mal-entendido.

A equipa não deve deixar um procedimento de retenção em vigor suspenso, uma vez que isto pode levar a acusações desnecessárias de destruição de informação.

Assumir que todas as retenções são destruídas após um período fixo de tempo é um conceito errado. A equipa deve verificar todas as retenções, quer sejam destruídas ou não.

Os dados arquivados que vão ser restaurados levarão mais tempo, mesmo que alguém aceda a eles no meio. O utilizador necessita de um conjunto firme de procedimentos para que a equipa possa responder às exigências legais da forma mais rápida e eficiente possível, enquanto gere todas as outras tarefas administrativas de armazenamento.

A equipa nunca deve usar 'apagar tudo' ou guardar toda a atitude, pois é demasiado perigoso, uma vez que cada informação não é realmente importante.

5.13 PROTECÇÃO DE BASES DE DADOS

O termo "base de dados" refere-se normalmente a uma colecção de informações que é organizada sistematicamente e armazenada num sistema informático. A expressão protecção de bases de dados trata essencialmente da protecção de bases de dados de tal forma que a sua complexidade é minimizada enquanto a disponibilidade e flexibilidade da base de dados é aumentada. Além disso, a protecção de bases de dados é também responsável por um melhor desempenho da base de dados no momento da cópia de segurança e do processo de recuperação.

A protecção de bases de dados inclui o seguinte:

Protecção contra acesso não autorizado

Proteger da inferência

Manutenção da integridade global da base de dados

Gestão da autenticação do utilizador

Gestão e protecção de dados confidenciais e sensíveis

Gestão da integridade semântica dos dados

Gestão da integridade operacional dos dados

5.13.1 Abordagens para a protecção de bases de dados

Para proteger a base de dados contra o uso não autorizado e para aumentar a sua flexibilidade e disponibilidade, são as abordagens de protecção da base de dados que são implementadas pela organização. A abordagem pode ser implementada como um todo ou através da combinação de qualquer uma delas. Normalmente, existem três abordagens gerais que a organização segue para proteger as bases de dados. Estas abordagens são as seguintes:

(i) São tomadas medidas para incorporar a protecção de bases de dados nas leis de direitos de autor.

(ii) São impostas restrições adicionais à utilização de bases de dados através de "contratos".

(iii) São promulgadas medidas legislativas para um sistema sui generis de protecção de bases de dados.

Os aspectos proeminentes relacionados com cada uma destas abordagens são descritos nas secções seguintes. Há que ter em mente que normalmente uma organização segue a combinação de todas estas três abordagens para proteger a sua base de dados de uma utilização inadequada.

5.13.1.1 Protecção de Bases de Dados ao abrigo das Leis de Direitos de Autor

A maioria das organizações avançou lentamente no sentido de proporcionar protecção às bases de dados ao abrigo da lei dos direitos de cópia. As bases de dados informáticas, que são basicamente ficheiros electrónicos de informação que são formados pela recolha, montagem e disposição de dados pré-existentes, devem, portanto, ser protegidas, desde que o esforço resultante compreenda inteiramente a autoria original.

5.13.1.2 Protecção de Bases de Dados através de Contratos

Muitos peritos em TI consideram que, embora protegendo os contratos de serviços de bases de dados, podem oferecer uma técnica melhor e mais eficiente de controlar o acesso e a utilização da base de dados. Os contratos autorizam um utilizador a utilizar a base de dados sob uma licença que tem de obter do proprietário da base de dados mediante o pagamento de uma taxa em função da quantidade de utilização ou de royalties. Tal licença, que um utilizador adquire, não lhe transmite os direitos da base de dados. Um contrato também pode ser utilizado para além da protecção da base de dados ao abrigo das leis de direitos de autor.

5.13.1.3 Criação de um sistema Sui Generis

A Comissão Europeia projectou um sistema sui generis para a protecção das bases de dados. O objectivo da proposta de directiva é sincronizar a lei sobre os direitos de autor das bases de dados em vários países. O projecto de directiva compreende documentos, produtos multimédia e bases de dados electrónicas. A protecção das bases de dados foi proposta para durar pelo menos 15 anos a partir da conclusão do ano em que a base de dados foi realizada ou a partir do momento em que foi inicialmente colocada à disposição do público.

5.14 PROTECÇÃO DE APLICAÇÕES

A protecção da aplicação inclui procedimentos ou eventos tomados durante o ciclo de vida da aplicação para evitar a exclusão na política de segurança de uma aplicação ou de um sistema subjacente através de falhas no projecto, desenvolvimento, implantação, melhoria e manutenção da aplicação. Com base no nível de segurança seleccionado, as aplicações de software são copiadas para diferentes ambientes de utilizadores e o seu endereço de processo é isolado de outros utilizadores ou partilhado com outros com algumas restrições.

5.14.1 Tipos de protecções de aplicação

A protecção da aplicação pode ser de diferentes tipos, dependendo do nível de segurança exigido para uma determinada aplicação. Os vários tipos são os seguintes:

5.14.1.1 Baixo

Em aplicações de baixa protecção, a aplicação gerada funcionará no espaço de endereço idêntico dos serviços web, que são imitados como o utilizador não identificado do sítio web.

5.14.1.2 Pooled Médio

Todas as aplicações geradas utilizam o ficheiro semelhante e, por conseguinte, partilham o espaço de endereços. Isto actua como um equilíbrio entre segurança e desempenho no ambiente de alojamento comum e, por conseguinte, é a escolha mais aceite para proteger as aplicações.

5.14.1.3 Isolado Alto

Em aplicações altamente isoladas de protecção, cada aplicação gerada corre num espaço de endereçamento diferente. Um processo separado é dedicado a cada sítio web, que serve cada pedido para esse sítio em particular. Isto consegue a maior segurança num ambiente de alojamento partilhado, embora este desempenho de segurança venha com um preço de desempenho, uma vez que este tipo de protecção de aplicações é dispendioso do que os outros dois.

Capítulo - 06

GESTÃO DE SEGURANÇA

6.1 INTRODUÇÃO

Manter a informação segura e protegida é uma das tarefas mais difíceis de implementar primeiro e depois de a manter eficazmente. Na actual representação comercial centrada na rede, tornou-se cada vez mais complicado validar ou autenticar a identidade de uma pessoa, o seu acesso de controlo, e manter a integridade e privacidade dos dados. A segurança é um problema multidireccional que requer não só uma análise atenta dos factores vulneráveis numa organização, mas também uma política forte para assegurar que os factores confidenciais não sejam violados e sejam devidamente seguidos. Embora exista autenticação, autorização e encriptação para ajudar a organização, estes não incluem o aspecto de segurança da informação e da sua gestão. No entanto, são as três principais áreas de preocupação sempre que a informação é tornada mais rigorosa. O principal objectivo da gestão da segurança é impedir o acesso não autorizado aos dados por forças internas e externas da organização. Com o desenvolvimento da Internet, a responsabilidade da gestão da segurança numa organização tem aumentado muito. Anteriormente, quando a Internet não era uma força tão grande, a gestão da segurança tinha de salvaguardar os dados confidenciais apenas dentro das instalações da organização, mas com o crescimento da Internet, o papel da gestão da segurança tornou-se duplo: a segurança da informação não só dentro das instalações da organização, mas também fora dos limites da organização. A gestão da segurança protege a organização do acesso não autorizado aos dados por um utilizador não autorizado, da modificação de dados ou informações, e os sistemas de várias outras ameaças. As ameaças podem ser definidas como uma acção que causa problemas para os indivíduos ou para a organização. A gestão da segurança protege o sistema e a organização de tais ameaças.

6.2 OBJECTIVOS DE GESTÃO DE SEGURANÇA

A gestão da segurança compreende fundamentalmente cinco objectivos diferentes. Estes objectivos asseguram que a segurança dos dados e da informação, juntamente com o sistema e os seus recursos, seja mantida na organização. Os diferentes objectivos são os seguintes:

Integridade: A integridade é um método para garantir que a informação não foi alterada ou modificada por qualquer meio não autorizado ou desconhecido. Assegura que a informação não pode ser modificada.

Confldencialidade: A confidencialidade garante que a informação é protegida de utilizadores não autorizados. Pode ser definida como um acto de manter algo confidencial e secreto de todos, excepto daqueles que estão autorizados a utilizá-la.

Disponibilidade: A disponibilidade garante que os recursos são disponibilizados aos utilizadores autorizados sempre que estes o exijam.

Não-repúdio: A não-repúdio assegura que a procura de recursos por parte do utilizador autorizado não seja negada pelo sistema.

Autenticação: A autenticação assegura que apenas os utilizadores autorizados têm o direito de aceder aos recursos do sistema. É também utilizada para estabelecer a honestidade através da corroboração da identidade de um utilizador.

Segurança na Internet

WWW E SEGURANÇA

A falta de segurança na Internet é uma das maiores preocupações para quase todas as aplicaçõesdo comércio electrónico . Várias aplicações comerciais insistem que o cliente-servidor deve autenticar-se mutuamente e que deve haver transferência de mensagem entre cliente-servidor e aplicação confidencialmente.

Esta troca de mensagens tem basicamente as seguintes três propriedades básicas:

(i) Autenticação do servidor: Os clientes estão confiantes em relação a vários servidores de aplicações de comércio electrónico.

(ii) Privacidade: Utilização da técnica de criptografia para que a comunicação se torne segura e privada.

(iii) Integridade: As conversas dos clientes não são modificadas.

Quando um servidor fornece todas estas propriedades a um determinado cliente, tanto o cliente como o servidor de aplicação podem ter a certeza da segurança da informação. Ainda assim, existem técnicas que podem ser utilizadas para modificar ou adulterar a comunicação, que são discutidas em pormenor no Capítulo 7.

No entanto, neste momento, para fornecer segurança à informação são utilizados vários esquemas de segurança que são descritos na próxima secção.

6.3.1 Esquemas de Segurança

Vários esquemas são utilizados na web para proteger redes. Todos estes esquemas funcionam em diferentes protocolos e arquitecturas. Uma breve introdução a alguns dos esquemas é dada como se segue.

6.3.2 Camadas de Segurança Web

A figura 6.1 mostra as várias camadas de segurança da web que são construídas ao longo do PI. O nível mais alto é o das aplicações baseadas no comércio electrónico, que utiliza vários esquemas de segurança.

E-commerce Based Applications
Secure Hypertext Transfer Protocol (S-HTTP)
TCP Based Application Protocol (HTTP, SMTP)
Secure Socket Layer (SSL)
Internet Protocol (IP)

6.3.3 SSL

Secure sockets layer (SSL) é uma tecnologia de segurança regular utilizada para criar umarelaçãoencriptada entre um servidor web e um browser. Esta relação assegura que todos os dados ou informações que passam entre o servidor web e o navegador permanecem privados e seguros. É um padrão da indústria utilizado por milhões de websites para proteger as suas transacções online com os seus respectivos clientes. Ele implementa TCP/IP em nome dos protocolos de nível superior, e durante o processo TCP/IP permite que um servidor habilitado para SSL se autentique a um cliente habilitado para SSL, permitindo que o cliente se autentique ao servidor, e finalmente permite que ambas as máquinas criem uma ligação encriptada entre elas.

As camadas de socket seguro fornecem não só encriptação de dados mas também autenticação de servidor, integridade de mensagens e autenticação de cliente através de uma ligação TCP/IP ao servidor e ao cliente, respectivamente. O SSL fornece um aperto de mão de segurança para iniciar a ligação TCP/IP entre o servidor da aplicação e o cliente. Este aperto de mão resultará no acordo entre o cliente e o servidor quanto ao nível de segurança entre eles.

Este protocolo encripta toda a informação que flui tanto no pedido HTTP como na resposta HTTP, envolvendo o URL que o cliente está a pedir. O SSL fornece encriptação que produz um canal seguro para evitar que terceiros na rede manipulem quaisquer dados.

O protocolo SSL inclui dois sub-protocolos: o protocolo de registo SSL e o aperto de mão SSL protocol. O protocolo de registo SSL descreve o formato que é utilizado para a transmissão de dados através da rede. O protocolo de aperto de mão SSL envolve a utilização do protocolo de registo SSL para trocar uma sequência de sábios entre um servidor habilitado para SSL e um cliente habilitado para SSL quando estes tentam estabelecer uma ligação SSL pela primeira vez .

6.3.4 S-HTTP

HTTP seguro (S-HTTP) é um protocolo de comunicação seguro orientado para mensagens, basicamente concebido para utilização através da Internet em combinação com HTTP. O S-HTTP foi concebido para coexistir com o modelo de mensagens HTTP e pode ser facilmente integrado com aplicações HTTP baseadas na web.

S-HTTP fornece diferentes mecanismos de segurança aos clientes e servidores HTTP, fornecendo-lhes várias alternativas de serviços de segurança que são adequadas a uma vasta gama de potenciais utilizações finais na World Wide Web (www). S-HTTP fornece facilidades simétricas tanto ao cliente como ao servidor, conservando ao mesmo tempo o modelo básico de transacção e as características de implementação do HTTP. S-HTTP apoia a inter-operação entre várias implementações, e está em sintonia com o HTTP. Os clientes que utilizam S-HTTP podem comunicar com servidores S-HTTP e vice-versa, embora tais transacções normalmente não utilizem as características de segurança do S-HTTP.

S-HTTP não necessita de certificados de chave pública do lado do cliente, uma vez que suporta modos de funcionamento simétricos só de chave.

S-HTTP pode fornecer autenticação, confidencialidade, integridade no ficheiro de um indivíduo. Os sítios Web com características de segurança utilizam S-HTTP sempre que exibem informações privadas e confidenciais, tais como números de cartões de crédito, palavras-passe, informações pessoais e detalhes de contacto. O S-HTTP funciona entre a camada TCP/IP e o protocolo HTTP, como mostrado na Figura 6.1. Sempre que o HTTP solicita informação que tem de ser enviada para outro servidor, passa o pedido para o servidor S-HTTP que depois se certifica de que a informação está segura encriptando-a e autenticando-a antes de transferir a informação recentemente encriptada para o TCP/IP para transmissão.

S-HTTP fornece uma série de serviços a vários utilizadores e servidores para garantir a segurança. Alguns deles são mencionados como se segue:

S-HTTP codifica a informação para garantir que apenas o receptor pretendido possa ler e compreender a informação. Para tal, uma vasta gama de normas de encriptação são suportadas pelo S-HTTP.

Também fornece autenticação para assegurar que o remetente é autêntico e para assegurar que a informação não foi modificada ou alterada com o percurso, ou seja, ajuda a manter a integridade da mensagem.

A norma S-HTTP também suporta assinaturas digitais para validar o remetente, que afirma ser, para que não haja transferência de mensagem não autêntica ou para que o receptor seja capaz de provar a sua identidade ao remetente.

Funciona mesmo para os clientes que não possuem um certificado de chave pública de cliente, o que significa que o utilizador não necessita de se registar para um cliente chave e, portanto, pode ser estabelecida uma sessão segura imediata entre o servidor e o cliente.

6.3.5 SSL vs S-HTTP

A segurança SSLs encontra-se sob os protocolos de aplicação, enquanto que o S-HTTP adiciona segurança baseada em mensagens ou transacções ao HTTP.

SSL codifica os dados de um ficheiro, enquanto S-HTTP oferece mais segurança por meio de autenticação. O S-HTTP só funciona com transacções que utilizam o protocolo de transferência HTTP.

6.3.6 SHEN Esquemas de Segurança

O esquema de segurança SHEN é o mesmo que o do S-HTTP. SHEN fornece os seguintes três mecanismos diferentes relacionados com a segurança:

Autenticação fraca com pouca manutenção e sem patentes ou qualsquer restrições de exportação.

Autenticação forte utilizando troca de chaves públicas.

Forte encriptação do conteúdo das mensagens.

6.3.7 Segurança do Servidor do Cliente

A segurança cliente-servidor é o maior problema em várias aplicações de comércio electrónico. Asegurançacliente-servidor utiliza vários métodos de autorização para garantir que apenas utilizadores e programas válidos tenham acesso a recursos de informação, por exemplo, base de dados e sistema. O método de controlo de acesso deve estar presente para garantir que os utilizadores autenticados apropriados só são permitidos aos recursos para os quais têm direitos de acesso.

6.3.8 Problemas de Segurança Cliente-Servidor

A segurança cliente-servidor, tal como discutido anteriormente, tem vários problemas. Alguns dos problemas relacionados com os mesmos são discutidos como se segue:

Falhas na segurança física: Indivíduo não autorizado a ter acesso à rede, utilizando as falhas de segurança física presentes na rede.

Falhas na segurança do software: Software que faz o trabalho para o qual não estão destinados, tais softwares são categorizados como software malicioso.

Furos de utilização incoerente: Recolha de hardware e software ineficazes que causam falhas na segurança da rede, das quais um intruso ou utilizador não autorizado pode tirar partido.

Para reduzir estes buracos ou problemas de segurança, a organização utiliza diferentes métodos de protecção. A autorização e a permissão podem ser um deles. Mas, este é o mais simples de todos os métodos de protecção, mas tem falhas. Assim, normalmente uma organização implementa o método acima referido juntamente com alguns dos métodos discutidos como abaixo.

6.3.9 Métodos de protecção

A arquitectura cliente-servidor pode ser protegida através da utilização de várias técnicas. Normalmente, uma organização implementa combinações destas técnicas. Algumas delas são obsoletas no ambiente actual, enquanto outras são mais recentes e estão actualmente a ser implantadas pela organização.

6.3.9.1 Segurança baseada na confiança

A segurança baseada na confiança significa que o empregador confia nos seus empregados e não implementa qualquer hardware ou software para segurança na organização. Não há restrições ou privilégios para qualquer utilizador e todos os utilizadores são tratados como iguais e o administrador confia igualmente em cada um deles. Esta abordagem foi de certa forma implementada por organizações no passado e funcionou bastante bem, mas já não é utilizada por qualquer organização.

6.3.9.2 Segurança através da Obscuridade

A segurança através da obscuridade significa que a organização protege os seus dados e recursos de dados de terceiros e fornece informações aos seus utilizadores com base em requisitos. Este método inclui a ocultação de senhas de contas em ficheiros binários com o pressuposto de que nenhum intruso será capaz de as encontrar. Este método foi bastante bem sucedido quando as organizações eram pequenas com um número restrito de empregadores e os sistemas eram de tipo mais ou menos autónomo.

6.3.9.3 Esquemas de Senha

Para assegurar a rede cliente-servidor, a abordagem universal implementada pelas organizações é o esquema das palavras-passe. Neste esquema em particular, são fornecidas aos diferentes utilizadores diferentes palavras-passe com privilégios diferentes de acordo com os seus requisitos . Cada utilizador acede à sua conta utilizando o seu nome de utilizador e palavra-chave e pode aceder à rede e beneficiar do privilégio que lhe foi atribuído. Para proteger ainda mais este sistema de palavra-passe, as palavras-passe são codificadas enquanto são transferidas através da rede.

A desvantagem deste esquema é que, se de alguma forma as palavras-passe forem divulgadas ou se algum utilizadornão especializado tiver acesso à palavra-passe, pode aceder facilmente à rede e pode usufruir dos vários privilégios que lhe foram concedidos.

6.3.9.4 Esquemas Biométricos

Os esquemas biométricos são as técnicas mais avançadas que fornecem o mais alto nível de segurança à rede e estão actualmente a ser implantados pela organização. Envolvem a comparação de diferentes características humanas, tais como o scanning da retina, impressões digitais e reconhecimento de voz pela base de dados. Estes sistemas são dispendiosos de implementar, mas oferecem o mais alto nível de autenticação.

6.4 GESTÃO DA IDENTIDADE

 No sistema de informação, a gestão da identidade é a gestão do ciclo de vida da identidade de vários vínculos de direito. Em termos de TI, a gestão da identidade pode ser definida como uma disciplina que inclui todas as tarefas necessárias para a criação, gestão ou eliminação de identidades de utilizadores no ambiente de TI. A gestão da identidade identifica os vários utilizadores e restringe-os de acordo com os seus direitos de acesso ao sistema. É utilizada em ambiente informático para automatizar os processos administrativos, tais como redefinição de senhas, verificação de horários do computador e sistema de rede, adição ou remoção de utilizadores do sistema ou alteração dos direitos de acesso de vários utilizadores.

A gestão da identidade é uma gestão multidisciplinar que cobre muitas dimensões numa organização, como por exemplo:

Técnica: Com sistemas de gestão de identidade.

Legal: Tal como a legislação para a protecção de dados.

A polícia: Por exemplo, lidar com o roubo de identidade.

Social e humano: Lidar com questões como a privacidade.

Segurança: Com elementos como o controlo de acesso.

A gestão da identidade é um conceito que se relaciona com a forma como os seres humanos são identificados e autorizados através de redes informáticas dentro e fora de uma organização. Inclui preocupações como a forma como é dada aos utilizadores uma identidade, a segurança dessa identidade e as tecnologias que suportam esse mecanismo de segurança, tais como certificados digitais, palavras-passe, etc.

6.4.1 Tarefas de Gestão da Identidade no Aprovisionamento de Contas

 A gestão da identidade inicia-se com a criação da conta do utilizador e a atribuição de registosadequados à conta e ao titular da conta. A conta de utilizador é então provisionada em todos os sistemas da rede a que esse utilizador tem acesso.

6.4.2 Tarefas de Gestão da Identidade na Conta Tempo de Vida

As tarefas de gestão da identidade durante a vida da conta do utilizador incluem o seguinte: Adicionar ou remover o acesso a determinados sistemas. Redefinição da palavra-passe para palavras-passe perdidas. Aplicação de alterações cíclicas de palavras-passe para aumentar a segurança da rede.

6.4.3 Tarefas de Gestão da Identidade durante a Eliminação de Conta

Quando um utilizador deixa uma organização, o seu acesso deve ser retirado de todos os sistemas da organização. Além disso, quaisquer objectos tais como ficheiros, bases de dados, etc., possuídos por esse utilizador, devem ter a sua propriedade atribuída a um substituto apropriado.

6.4.4 Modelos de Gestão da Identidade

Uma organização pode implementar qualquer modelo de gestão de identidade de acordo com os seus requisitos. Estes modelos podem ser implementados sozinhos ou através da combinação de dois ou mais modelos. Os vários modelos de gestão da identidade podem ser resumidos da seguinte forma:

6.4.4.1 Modelo de Identidade Pura

O modelo de identidade pura baseia-se no facto de cada identidade do utilizador ser única. Utilizando esta característica, este modelo trata da concepção e criação, gestão e eliminação de novos e antigos laços de identidade deutilizador numa organização .

6.4.4.2 Modelo de Acesso do Utilizador (log-on)

O modelo de acesso do utilizador baseia-se na perspectiva de início de sessão dos utilizadores. Mantém e armazena a entrada assim que qualquer utilizador inicia a sessão no sistema informático. É um controlo de acesso que é concedido ao utilizador assim que este acede ao sistema através das suas palavras-passe e regista a hora de entrar e sair do sistema. Também monitoriza qualquer pedido de novas senhas ou de alteração de senhas.

6.4.4.3 Modelo de serviço

O modelo de serviço é baseado na aplicação que é utilizada pelos utilizadores no sistema informático. Na realidade, trata do ambiente que fornece serviços online, personalizados e a pedido aos utilizadores. Um serviço online envolve todos os recursos, tais como produtos, formulários, equipamentos, etc.

6.5 SEGURANÇA FÍSICA

Segurança física é a segurança de programas, pessoal, redes, hardware e dados de circunstâncias físicas e acontecimentos que podem causar graves perdas ou danos a uma organização, agência ou instituição. Isto envolve a protecção de dispositivos de hardware contra incêndio, roubo, catástrofes naturais e terrorismo. Descreve tanto as medidas que evitam ou impedem os atacantes de aceder aos recursos, como as informações armazenadas em suportes físicos de armazenamento e a orientação sobre como planear estruturas de defesa contra vários actos hostis. Existe segurança física a fim de impedir a entrada de pessoas não autorizadas numa instalação ou rede física.

A segurança física é frequentemente ignorada em favor de questões mais técnicas e poderosas como o hacking. No entanto, a violação da segurança física pode ser levada a cabo pelos atacantes com pequenos ou nenhuns conhecimentos técnicos. Além disso, os acidentes e catástrofes naturais fazem parte da vida quotidiana, e a longo prazo são inevitáveis.

Idealmente, um plano de segurança física deve fazer parte da política de segurança da organização e deve incluir o seguinte:

Explicação detalhada dos recursos físicos que estão a ser protegidos.

Relatório da área física onde os recursos estão situados.

Descrição detalhada do perímetro de segurança e dos buracos (se existirem) no perímetro.

Ameaças das quais os utilizadores são protegidos.

Várias defesas e métodos de segurança para as melhorar.

Custo previsível de quaisquer melhorias, o custo da informação ou recursos que estão a ser protegidos, e a probabilidade de um ataque, acidente ou desastre.

Numa organização bem concebida, estas características complementam-se umas às outras. Existem pelo menos quatro camadas de segurança física que protegem tais organizações. A organização pode implementar qualquer combinação destas camadas de acordo com os seus requisitos. Os vários níveis que ajudam uma organização a proteger os recursos e a informação são os seguintes:

Concepção ambiental

Controlo de acesso mecânico, electrónico e processual

Detecção de intrusão

Monitorização de vídeo

Identificação de pessoal

6.5.1 Concepção ambiental

Na concepção ambiental, a organização tenta colocar obstáculos no caminho de prováveis atacantes e locais alvo são reforçados contra acidentes e desastres ambientais. Tal acção inclui muros, vedações, fechaduras múltiplas, cofres à prova de fogo e aspersores de água. Normalmente, cada organização implementa a concepção ambiental para proteger os seus recursos e outros bens valiosos.

6.5.2 Controlo de Acesso Mecânico, Electrónico e Procedural

A camada seguinte é o controlo de acesso mecânico que inclui a combinação de portões, portas e fechaduras. A organização e gestão das chaves das fechaduras tornou-se um grande problema para os grandes utilizadores. Assim, as chaves tornaram-se rapidamente incontroláveis empurrando a organização para a adopção do controlo de acesso electrónico. Este controlo pode facilmente gerir grandes populações de utilizadores, controlando pontos de entrada para tempos de ciclo de vida dos utilizadores, datas e pontos de acesso individuais. O controlo de acesso electrónico inclui portões inteligentes, escadas rolantes e muitos mais.

6.5.3 Detecção de Intrusão

A terceira camada que ajuda a organização na segurança é a dos sistemas de detecção de intrusão ou alarmes. Isto verifica o sistema em busca de ataques. É menos uma técnica de precaução e mais um método de resposta, embora alguns argumentem que é um dissuasor. A detecção de intrusão tem uma alta frequência de falsos alarmes. Em muitas jurisdições, a aplicação da lei não reage a alarmes provenientes de sistemas de detecção de intrusão.

6.5.4 Monitorização de vídeo

O último nível implementado pela organização para a segurança é o dos sistemas de monitorização de vídeo. As câmaras de segurança podem ser um factor limitativo na maioria dos casos, mas o seu poder real provém da verificação de incidentes e da análise histórica. Os televisores de circuito fechado (CCTV) são bastante comuns e estão a ser implementados na maioria das organizações. No entanto, os CCTV estão a tornar-se rapidamente obsoletos à medida que mais sistemas de vídeo os substituem para a transmissão de sinais e estão agora a transmitir em redes informáticas. O avanço das TI está a transformar a monitorização de vídeo em análise de vídeo.

6.5.5 Guarda de Fábrica Privada

Enredados nestas diferentes quatro camadas estão os recursos humanos. Os guardas desempenham um papel importante em todas as camadas, na primeira camada como patrulhas e nos pontos de controlo, na segunda camada administrando o controlo de acesso electrónico, na terceira camada respondendo a vários alarmes e tomando medidas em conformidade e, finalmente, na quarta camada para monitorizar e analisar vídeos. Assim, a guarda de fábrica torna-se uma parte importante da segurança na organização e uma organização utiliza vários pontos de controlo e locais a serem monitorizados pelos guardas.

6.6 DETECÇÃO DE INTRUSÃO

Na segurança da informação, a detecção de intrusão é a técnica de detecção de acções que desafiam a confidencialidade, integridade ou disponibilidade de um recurso por parte de uma organização ou de um utilizador. Quando a detecção de intrusão tem lugar e uma medida preventiva é tomada sem envolvimento humano directo, então essa detecção de intrusão torna-se um sistema de prevenção de intrusão .

Pode ser executado manual ou automaticamente. A detecção manual de intrusão pode ocorrer através do exame dos ficheiros de registo ou outras evidências de quaisquer sinais de intrusão, incluindo tráfego na rede. Como já foi dito anteriormente, um sistema que executa a detecção automática de intrusão é chamado um sistema de detecção de intrusão (IDS). Um sistema de detecção de intrusão pode ser tanto baseado em host - se verificar chamadas de sistema ou registos - como baseado em rede, se verificar o fluxo de pacotes de rede. Os IDSs modernos são geralmente uma combinação destas duas abordagens. Uma diferença vital adicional é entre sistemas que reconhecem padrões de tráfego ou dados de aplicação reconhecidos como maliciosos e os sistemas que avaliam actividades em relação a uma linha de base normal pré-definida.

Quando uma provável intrusão é descoberta pelo IDS, é normal que sejanecessário registar informação ficheiro ou base de dados, gerar um alerta de e-mail, ou enviar uma mensagem para um telemóvel .

Determinar a provável intrusão e tomar alguma forma de acção preventiva para a impedir ou evitar que ela volte a acontecer estão geralmente fora da capacidade do sistema de detecção de intrusão. No entanto, algumas formas de reacção automática podem ser aplicadas através da interacção de IDSs e vários sistemas de controlo de acesso, como firewalls.

6.6.1 Tipos de detecção de intrusão

A detecção de intrusão pode ser de vários tipos e é implementada de acordo com a exigência da organização. A subsecção seguinte apresenta alguns dos seus tipos, juntamente com as suas características gerais.

6.6.1.1 Detecção de Intrusão em Rede

Os sistemas de detecção de intrusão baseados em rede são sistemas de detecção automática de intrusão que monitorizam o fluxo de tráfego em toda a rede. Uma placa de interface de rede (NIC) funciona em qualquer um dos dois modos, sendo estes

Modo normal, no qual os pacotes que se destinam ao computador são transmitidos para o sistema anfitrião.

Modo promíscuo, no qual todos os pacotes que são observados na Ethernet são retransmitidos para o sistema anfitrião.

Uma placa de rede pode normalmente ser comutada do modo normal para o modo promíscuo, e vice-versa, por uma função de baixo nível do sistema operativo.

Sistemas de detecção de intrusão baseados em rede requerem que uma placa de interface de rede esteja em modo promíscuo.

6.6.1.2 Detecção de intrusão no hospedeiro

Quando um pacote de rede chega ao seu destino para o qual foi destinado, há ainda uma terceira linha de defesa por detrás da firewall e do monitor de rede. Esta 'linha de defesa' é chamada ' detecção de intru- siãobaseada em host ', e vem em várias categorias. No entanto, os dois principais tipos de detecções de intrusão baseadas em host-based intrusiones são os seguintes:

(a) Monitores de rede:

Um monitor de rede monitoriza as ligações de rede de entrada ao destino e tenta determinar se alguma destas ligações ou pacotes representa uma ameaça. Em caso afirmativo, então, alguns tipos de tentativas de intrusão são levadas a cabo. Deve notar-se que o monitor de rede é diferente da detecção de intrusão baseada na rede, uma vez que o primeiro apenas analisa o tráfego da rede que se aproxima do anfitrião em que está a correr, e não todo o tráfego que atravessa a rede como o primeiro faz. Por esta razão, os monitores de rede não requerem modo promíscuo na placa de interface de rede.

(b) Monitores anfitriões:

Um monitor anfitrião monitoriza ficheiros, sistemas de ficheiros, registos ou outras partes do próprio anfitrião para verificar qualquer tipo particular de actividade suspeita que possa representar uma tentativa de intrusão. Se for encontrada qualquer intrusão, então o pessoal da administração do sistema é notificado para tomar as medidas preventivas adequadas.

6.6.1.3 Detecção de intrusão com base no núcleo

O sistema de detecção de intrusão baseado no núcleo é um conceito relativamente novo e está a generalizar-se, espe- cialmente dentro do Linux. Existem dois grandes sistemas de detecção de intrusão baseados em kernel que estão actualmente disponíveis para a plataforma Linux. Estes sistemas têm a abordagem de evitar o transbordamento de buffer, aumentar a protecção do sistema de ficheiros, bloquear sinais não autorizados e torna difícil para um atacante/intruso capturar um sistema.

6.6.2 Funções da Detecção de Intrusão

Há várias funções que a detecção de intrusão desempenha. Algumas das funções são listadas da seguinte forma:

- Observar e analisar tanto as actividades do utilizador como as do sistema.
- Examinar a configuração do sistema.
- Acesso ao sistema de rede e integridade de ficheiros.
- Monitorização das violações da política do utilizador.
- Análise de padrões de actividade incaracterísticos.

Sistema de Controlo de Acesso

6.7 GESTÃO DE ACESSO

Todas as organizações têm dados/informações que necessitam de ser protegidas contra utilizadores não autorizados. Para assegurar a informação, a organização classifica as políticas que governam quem pode aceder a que informações empresariais e pessoais . Dependendo dos direitos de acesso de que o utilizador goza na organização, ele pode aceder à informação. Para gerir as diferentes funções e políticas de acesso dos utilizadores, a gestão de acesso é utilizada nas organizações.

O principal objectivo da gestão de acesso é dar informação ao utilizador de acordo com a acção realizada no sistema. Para assegurar a informação, as organizações definem políticas que administram quem pode aceder a que tipo de informação comercial e pessoal.

A gestão do acesso foi incluída como um novo processo no ITIL v3. A escolha de incluir a gestão de acesso - ment foi motivada por razões de segurança informática, conceder o acesso a vários serviços e aplicações informáticas apenas a utilizadores autorizados é de grande importância do ponto de vista da segurança informática.

6.7.1 Sub-processos

Os seguintes subprocessos fazem parte da gestão de acesso de acordo com ITIL v3:

6.7.1.1 Manter Catálogo de Funções do Utilizador e Perfis de Acesso

O catálogo de funções do utilizador e perfis de acesso contém o seguinte:

(a) Objectivo do processo: Assegurar que o catálogo de papéis do utilizador e os perfis de acesso aos papéis do utilizador seja aprovado de acordo com os requisitos dos serviços apresentados aos clientes e evitar a adição indesejada de direitos de acesso aos utilizadores .

(b) Gerir o Processo de Pedidos de Acesso de Utilizadores Objectivo: Processar os pedidos dos utilizadores para adicionar, alterar ou retirar direitos de acesso e assegurar que apenas os utilizadores autorizados tenham o direito de acesso para utilizar um serviço.

(c) Direitos de Acesso: Os direitos de acesso são um conjunto de dados que definem quais os serviços a que um utilizador tem permissão para aceder. Esta definição é realizada através da atribuição de direitos de acesso ao utilizador, identificado pela sua identidade de utilizador, a um ou mais papéis de utilizador.

(d) Pedido de Direitos de Acesso: Um pedido para conceder, modificar ou retirar o direito de utilizar um determinado serviço ou aceder a determinados bens.

(e) Registo de Identidade do Utilizador: Registo de identidade de utilizador é um conjunto de dados que contém todos os detalhes de um utilizador. É utilizado para conceder diferentes direitos de acesso a esse utilizador específico.

(f) Pedido de identidade de utilizador: O pedido de identidade de utilizador é criado para modificar ou apagar uma identidade de utilizador.

 (g) Papel do utilizador: O papel do utilizador é a parte de um catálogo ou hierarquia de todos os papéis na organização. São atribuídos direitos de acesso sobre os papéis que os utilizadores individuais têm de desempenhar numa organização.

(h) Perfil de Acesso ao Papel do Utilizador: Perfil de acesso ao papel do utilizador é o conjunto de dados que define os níveis de acesso a um serviço para um determinado tipo de utilizador. Ajudam a proteger a confidencialidade, integridade e disponibilidade de recursos, definindo que informações os utilizadores podem utilizar para os programas que podem executar e as alterações que podem fazer.

6.7.2 Requisitos do papel do utilizador

Os requisitos do papel do utilizador são da parte da organização para o catálogo ou hierarquia dos papéis do utilizador na organização. Direitos de acesso atribuídos sobre os papéis que os utilizadores individuais têm de desempenhar como parte de uma organização.

Classificação da política de acesso:

Access Policy Type	Questions Asked to Protect Resources	Examples
Identity-based	Is the user an individual that has been specially granted access?	User ID and password, private key
Role-based	Is the user currently in a role that requires exclusive access?	Manager, team leader
Group-based	Is the user part of a group that has been specifically allocated access?	Engineering, accounting
Context-based	Is the context of the request such that the access could be granted to an individual?	Time of day, emergency location
Entitlement-based	Is the user entitled to access a particular class of information?	Clearance level
Relationship-based	Is the user entitled to access the personal/business information?	Manager of employees
Rule-based	Does the governing access policy to a resource permit the user to access that resource?	Various combinations of the above

6.7.3 Política de Acesso

A política de acesso na organização pode ser muito simples ou muito sofisticada. Uma vez determinado que uma determinada aplicação requer características de gestão de acesso, a organização começa normalmente com uma política de controlo de acesso muito simples baseada na identidade do utilizador e no seu papel. Contudo, existem várias aplicações que requerem uma política de acesso complexa.

As organizações têm de assegurar que a política de acesso é consistente em todas as aplicações comerciais. Para decidir os requisitos para soluções de gestão de acesso, o tipo de política de acesso exigida por uma organização tem de ser identificado.

Capítulo - 07

Ética Informática

7.1 INTRODUÇÃO

A disponibilidade do computador para uma grande parte da sociedade comum trouxe uma série de indivíduos sob a sua influência, que podem não ser bem-disciplinados eticamente. Com o rápido desenvolvimento no campo das TI, o conhecimento da ética tornou-se importante. Como tudo está facilmente disponível para todos, a violação da ética tornou-se comum. As pessoas não hesitam em tirar partido do trabalho de outras pessoas, consciente ou inconscientemente. As pessoas que utilizam a Internet para o seu trabalho, infringem a lei algures. Portanto, é necessário ter o conhecimento da ética no campo das TI.

Em vez disso, tornou-se muito importante proteger o trabalho genuíno de escritores, artistas, inventores e outros que se dedicam a criar algo novo. Para isso, a sociedade internacional codificou regras que são categorizadas como propriedade intelectual. Por conseguinte, presume-se que o comportamento da pessoa que trabalha na Internet será o de um cavalheiro. Estes comportamentos inserem-se na categoria de ética na Internet. Este capítulo trata basicamente de ética, pelo que os utilizadores da Internet sabem o que se espera dele enquanto navega. Além disso, o capítulo descreve comportamentos antiéticos e como um utilizador pode evitar tais actos para que não seja culpado.

Normalmente, os utilizadores entregam-se inconscientemente a certas tarefas pouco éticas, e os danos causados por tais actividades são enormes. Este dano pode ser reduzido se os utilizadores forem educados sobre os aspectos éticos das TI e sobre a segurança da Internet.

7.2 INTRODUÇÃO À ÉTICA CIBERNÉTICA

A expressão "ciberética" indica um código de acções seguras e responsáveis para a comunidade da Internet. A boa ética cibernética compreende a compreensão das ameaças de comportamentos prejudiciais e ilegais em linha e a descoberta de como se defender a si próprio e a outros utilizadores da Internet de tais comportamentos. Inclui também ensinar os jovens, que não identificam os possíveis danos da segurança na Internet e ensiná-los a utilizar a Internet de forma segura e responsável. Por conseguinte, podemos dividir a ética cibernética da aprendizagem em numerosas categorias, que são descritas abaixo.

7.2.1 Ética Cibernética para Pais e Educadores

O TI inclui o correio electrónico e o acesso à Internet fornecido para fins de aprendizagem às crianças. É essencial que os estudantes identifiquem e prossigam políticas de TI para que fiquem fora do alcance das crianças. É da responsabilidade dos pais e educadores educar os seus filhos sobre ética e responsabilidades informáticas. Correspondem a um grande esforço para proporcionar às crianças novas ferramentas de aprendizagem - utilizando o computador de forma responsável. A ética para pais e educadores inclui ensinar as crianças sobre como utilizar a Internet, a ética fundamental e os efeitos nocivos da Internet.

7.2.2 Ética Cibernética para Crianças

A ética cibernética para as crianças compreende os métodos que elucidam uma criança tem de saber como utilizar a Internet de modo a não criar qualquer dano a si próprio e aos outros utilizadores. Para isso, é essencial que ele saiba quais são as éticas fundamentais enquanto trabalha na Internet, também deve estar consciente dos efeitos nocivos de tarefas não éticas. A ética para crianças envolve a utilização da Internet para aprender, para contactar os seus amigos e estar em contacto com amigos a longa distância.

7.2.3 Ética Cibernética para Sítios Web

Existem vários sítios onde são abordados problemas de segurança e de responsabilidade na Internet. Mas há também abundantes sítios onde estas éticas são violadas e que também ajudam as crianças a violá-las. A ética dos sítios consiste em manter o assunto que é para o público, mantendo dados não autorizados ou prejudiciais fora do alcance das crianças e um método em virtude do qual podem impedir a publicação de qualquer assunto prejudicial ou inadequado para as crianças.

7.3 PROPRIEDADE INTELECTUAL

O termo propriedade intelectual (PI) reflecte o pensamento de que o material sujeito é o artefacto da mente ou do intelecto. Refere-se a uma série de criações da mente pelas quais os direitos de propriedade são conhecidos e aceites nos campos correspondentes da lei. Ao abrigo da lei de PI, os proprietários são aprovados de direitos exclusivos a uma diversidade de bens intangíveis. A propriedade intelectual representa o direito sobre a obra intelectual de uma pessoa e não a obra em si. A natureza do trabalho pode ser tanto artística como comercial. Várias obras artísticas inserem-se na categoria de direitos de autor, enquanto as obras comerciais, também conhecidas como propriedades industriais, são regidas por marcas registadas, direitos de autor, segredos comerciais e direitos sobre desenhos e modelos industriais. Os direitos de propriedade intelectual são geralmente limitados a bens não rivais, ou seja, bens que podem ser utilizados ou apreciados por numerosas pessoas ao mesmo tempo; a sua utilização por uma pessoa não proíbe a utilização por outra. A PI pode revestir a forma de patentes, marcas registadas, desenhos industriais e direitos de autor. A propriedade intelectual, garantida por lei, como várias outras formas de propriedade pode ser um material de comércio, ou seja, pode ser propriedade, doada, vendida ou comprada. As principais características que diferenciam a PI de outras formas são a sua intangibilidade e não-exaustão pela utilização.

7.3.1 Objectivos da Propriedade Intelectual

Pode haver vários objectivos de um intelecto para desenvolver ou produzir algum tipo de PI. Destes objectivos, dois são bastante importantes e são discutidos como se segue:

7.3.1.1 Incentivo financeiro

A utilização restrita da PI permite aos seus proprietários obter lucros com a propriedade que produziram, fornecendo incentivos financeiros para fazer essas propriedades e investir nelas.

7.3.1.2 Crescimento económico

A existência de leis de PI é creditada com importantes contribuições para o crescimento económico. Os economistas aproximam-se de que dois terços do custo de grandes organizações nos Estados Unidos poderiam ser atribuídos a activos intangíveis. Prevê-se que as propriedades intelectuais produzam 72 por cento mais rendimento do que as indústrias não intensivas em PI.

7.3.2 Tipos de Propriedade Intelectual

Como mencionado anteriormente, poderia haver diferentes tipos de propriedades intelectuais criadas por intelectos. Dependendo do que tenham criado, produzido ou inventado, as suas propriedades são categorizadas em vários tipos de propriedades intelectuais como direitos de autor, marcas registadas, desenhos industriais e muitos mais. As seguintes subsecções discutem cada uma delas em pormenor.

7.3.2.1 Direitos de autor

Um direito de autor é um direito exclusivo concedido ao proprietário de uma obra literária ou imaginativa digna de publicação, loteamento e adaptação de obras imaginativas. Os direitos de autor cobrem matérias como obras literárias, composições, programas informáticos, peças de teatro ou de teatro, e filmes. Mas os direitos de autor não cobrem os pensamentos articulados em tais obras. Estes direitos podem ser transferidos, licenciados e/ou cedidos. Os direitos de autor permanecem durante um período de tempo particular, após o qual a obra entra no domínio público. Os direitos permanecem com o titular dos direitos de autor durante um período de tempo definido. À medida que o tempo passa, a obra pode ser republicada ou reproduzida por outros. Normalmente, a duração de um período de tempo de direitos de autor estende-se por toda a vida do proprietário e dura até um período de cerca de 50 a 100 anos, mesmo após a sua morte. No caso de obras anónimas, os direitos de autor duram 95 anos após a sua publicação ou 120 anos após a sua criação. Os direitos de autor foram padronizados internacionalmente, durando entre 50 a 100 anos após a morte do intelecto, ou um período mais curto para autoria anónima ou comercial. Normalmente, os direitos de autor são implementados como uma questão civil; com algumas jurisdições espalhadas por punições criminais.

- Um proprietário de direitos de autor pode realizar trabalhos subsequentes à sua obra original:
- Para replicar o trabalho.
- Organizar trabalhos derivados.
- Para anunciar, vender, emprestar, distribuir cópias ou mesmo pode transferir a propriedade.
- Apresentar o trabalho publicamente.
- Expor publicamente o trabalho protegido por direitos de autor.

As leis de direitos de autor são caracteristicamente concebidas para assegurar a representação ou demonstração permanente de uma ideia, em vez do próprio pensamento elementar. Os direitos de autor não protegem as ideias da obra, mas protegem apenas as expressões do intelecto. Os direitos de autor são normalmente aplicados pelo proprietário num tribunal de direito civil, mas para além disto existem também leis de violação criminal em algumas das jurisdições.

A reprodução de um material protegido por direitos de autor não é sempre injusta. Há bastantes questões que decidem se a utilização justa é aplicável ao material protegido por direitos de autor. Tais questões incluem:

A intenção de utilizar material com direitos de autor, quer seja comercial, sem fins lucrativos ou para fins educativos .

- Características do trabalho protegido por direitos de autor.
- A fracção utilizada em relação ao trabalho como um todo.
- A consequência sobre o significado do trabalho protegido por direitos de autor.

Regulamentação dos direitos de autor:

Os direitos de autor são adquiridos automaticamente sem qualquer requisito para qualquer registo. No entanto, muitos países disponibilizam um sistema nacional de registo voluntário e depósito das suas respectivas obras; estes sistemas ajudam o intelecto a ganhar os direitos de autor sobre o seu material, por exemplo, consultas envolvidas em qualquer tipo de argumentos sobre a propriedade ou criação da matéria, operações de financiamento necessárias para a obtenção de direitos de autor, vendas, trabalhos de curso e transferências de direitos para outros utilizadores. Muitos proprietários e intérpretes ou executantes não têm a capacidade ou os recursos para praticar a aplicação legal e administrativa dos direitos de autor e outros direitos a eles associados. Consequentemente, estes estabelecimentos e a melhoria das organizações de gestão combinada estão a crescer em muitos países. Estas organizações de gestão proporcionam aos seus respectivos membros os benefícios da proficiência e eficiência administrativa e jurídica da organização. Certos direitos dos produtores de gravações sonoras e associações de radiodifusão são também geridos colectivamente.

7.3.2.2 Marcas

As marcas são os sinais, símbolos ou indicadores distintivos característicos utilizados por um indivíduo ou uma organização, que são normalmente utilizados para reconhecer um determinado artefacto ou serviço que especifica a sua fonte para diferenciar os seus artefactos ou serviços dos de outro indivíduo ou organização. Uma marca comercial pode ser uma combinação de palavras, expressões, símbolos, emblemas, desenhos, imagens ou dispositivos, que são utilizados por um indivíduo, entidade legal ou organização empresarial para diferenciar os seus produtos ou serviços dos de outros. Existe também uma gama de marcas não convencionais que incluem marcas que não se enquadram em nenhuma destas categorias normais. Tais marcas são geralmente criadas por um período de tempo mais curto para diferenciar os seus serviços ou produtos no mercado.

O acordo de marca prevê o registo primário e cada renovação do registo deve ser por um período não inferior a 7 anos e o registo pode ser renovado indefinidamente. Os direitos das marcas registadas são mantidos através da utilização legítima e genuína das mesmas. Estes direitos cessam se uma marca registada não for utilizada activamente durante um período de tempo definido, que é normalmente de 5 anos na maioria das jurisdições. No entanto, uma vez registadas as marcas são protegidas legalmente e os proprietários podem tomar medidas legais contra as pessoas que utilizam as suas marcas ilegalmente. O proprietário de uma marca registada pode instaurar procedimentos legais por violação de marca registada para impedir a utilização ou distribuição não autorizada desse símbolo de marca registada em particular. Uma marca registada confere uma colecção de direitos exclusivos ao proprietário registado, que incluem os direitos de uso exclusivo da marca em relação aos produtos ou serviços para os quais a marca tenha sido registada.

No caso de um registo de marca, a paragem para utilizar activamente o símbolo no curso legal do negócio, ou para implementar o registo no caso de qualquer violação, pode também expor o próprio registo a evoluir para um pedido de exclusão da marca do registo após um determinado período de tempo com base na "não utilização". Não é obrigatório para o titular de uma marca tomar medidas coercivas contra todas as violações. Isto está basicamente planeado para evitar que os proprietários sejam repetidamente presos em processos por receio de cancelamento do seu respectivo símbolo. Um proprietário pode em qualquer período de tempo iniciar uma acção por infracção contra um terceiro, desde que não tenha informado previamente o terceiro da sua insatisfação após a utilização da marca pelo terceiro e depois não tome as medidas legais adequadas dentro de um período de tempo realista, também conhecido como aquiescência. O proprietário da marca registada pode sempre manter o direito de tomar medidas legais até que um tribunal decida que o terceiro ganhou notoriedade, do qual o proprietário deve estar consciente. Agora, será considerado como a oportunidade de o terceiro estabelecer o seu uso da marca é da responsabilidade da organização utilizar um símbolo/marca para garantir que não estão a infringir os direitos previamente registados dos outros utilizadores.

Embora a lei de marcas procure proteger os sinais da fonte comercial dos produtos ou serviços, enquanto a lei de patentes procura normalmente assegurar invenções novas e úteis, e a lei de desenhos e modelos registados procura normalmente assegurar a aparência de um artigo manufacturado. A lei de direitos de autor procura geralmente assegurar o livro original, artístico e outras obras criativas de vários intelectos.

Passos para o Registo de Marcas:

Para registar uma marca comercial por uma organização ou um indivíduo é seguido o seguinte procedimento. Inicialmente, a organização requer a apresentação de um pedido de registo de uma marca comercial junto do escritório nacional ou local apropriado. O pedido deve incluir uma réplica clara e compreensível do sinal para o qual o pedido é apresentado, com quaisquer cores, formulários ou características tridimensionais claramente visíveis. O pedido deve também incluir um catálogo de bens ou serviços aos quais o sinal específico seria aplicado. O sinal tem de cumprir determinadas condições a fim de ser reconhecido e protegido como uma marca comercial ou qualquer outro tipo de marca ou símbolo. A marca deve ser única e distinta, para que os utilizadores a possam diferenciar de outras marcas que reconheçam outros produtos, bem como identificar um produto ou serviço em particular. Não deve enganar nem enganar os clientes ou infringir qualquer ordem pública ou ética. Finalmente, os direitos aplicados por uma organização não podem ser os mesmos, ou semelhantes, aos símbolos anteriormente concedidos a outros proprietários de marcas registadas. Isto pode ser determinado através de pesquisa e exame pelo instituto nacional, ou pela oposição de terceiros que possam declarar direitos semelhantes ou idênticos para o símbolo semelhante ou idêntico.

7.3.2.3 Patentes

As patentes são um conjunto de direitos especiais aprovados por um Estado a um inventor durante um determinado período de tempo para a exibição pública da sua invenção. As patentes são direitos que estão normalmente associados a novas Invenções. Os direitos de patente são concedidos a intelectos que tenham inventado qualquer nova máquina, artigo de fabrico, processo ou composição de matéria, etc., que possam ser utilizados pelo público comum. Para ser reconhecida como uma patente, a invenção deve enquadrar-se em certos critérios, que são diferentes para diferentes países. Em geral, a invenção deve ser nova, imaginativa e deve ser funcional e útil ou pode ser aplicada nas organizações relevantes. Uma patente é um direito de propriedade limitada que o governo apresenta aos inventores em troca do seu contrato para comunicar ao público os detalhes das suas invenções. O intelecto que obtém uma patente para a sua invenção tem o direito exclusivo de impedir que outros continuem a fazer, utilizar, vender ou partilhar a invenção patenteada sem a sua permissão.

Normalmente, o limite de tempo de uma patente é de 20 anos a partir do dia da apresentação do pedido. Uma patente oferece ao seu intelecto o direito de eliminar outros de utilizar a invenção em qualquer tipo como utilizar, vender, etc. Tal como outros direitos de PI, as patentes podem ser vendidas, licenciadas, atribuídas ou deslocalizadas. Os direitos expressos pela patente diferem de país para país.

As patentes são normalmente aplicadas pelos tribunais civis, embora vários países tenham sanções penais por violação de patentes. Caracteristicamente, o titular da patente reclama uma compensação monetária por qualquer tipo de violação de patente. Uma patente pode ser considerada inaceitável com base no que está estabelecido na legislação de patentes apropriada que difere entre países e estas bases variam para cada país.

Tipos de Patentes:

As patentes são classificadas em função dos seus tipos de invenções. A um proprietário podem ser concedidos diferentes tipos de patentes com base no facto de a sua patente se situar nas três categorias seguintes:

1. Patentes de utilidade: As patentes de utilidade são concedidas ao proprietário para a invenção de novas máquinas ou procedimentos ou para o melhoramento das máquinas existentes.

2. Patentes de desenho: As patentes de design são concedidas aos proprietários para a concepção de novos modelos inovadores destinados ao processo de fabrico.

3. Patentes de plantas: As patentes vegetais incluem a invenção ou descoberta de diversas e novas variedades de espécies vegetais.

Passos para a Concessão de Patentes:

O primeiro passo para assegurar uma patente por um intelecto é o depósito de um formulário de pedido de patente. O formulário de pedido de patente inclui normalmente o título da nova invenção por ele inventada, com indicação da sua área técnica; o pedido deve também incluir os antecedentes e uma breve explicação da invenção, em linguagem compreensível e informação adequada que um indivíduo com uma compreensão média do campo poderia utilizar ou replicar a invenção por ele próprio. Tais descrições são tipicamente acompanhadas de ajudas visuais como desenhos, planos ou figuras para melhor ilustrar a invenção. O pedido inclui também várias "reivindicações", ou seja, informações que verificam o âmbito da protecção concedida pela patente.

7.3.2.4 Direitos de Desenho Industrial

Os direitos de desenho industrial também são abrangidos pela PI e tentam assegurar os planos visuais dos objectos que não são simplesmente eficazes, mas que também têm um significado artístico ou de padrão. Também poderia ser referido o fabrico de uma forma, cor, padrão ou a combinação de todos eles para trazer à tona um padrão e uma cor totalmente novos em formas tridimensionais. Estes poderiam ser um produto industrial ou um artesanato. O desenho pode ser quer modelo bidimensional ou tridimensional de um produto, mercadoria industrial ou artesanato. O direito é concedido após considerar vários factores tais como a originalidade, criatividade e apelo visual do desenho. A pessoa ou organização que tem o direito tem direitos exclusivos como outros PI pode fazer ou vender quaisquer objectos em que o desenho ou modelo protegido seja apropriado. São concedidos por um período de tempo de 10 a 25 anos a um intelecto ou a uma organização.

7.3.2.5 Segredos comerciais

Os segredos comerciais são os planos, práticas, procedimentos, ferramentas, processos, fórmulas, padrões, pensamentos ou compilação de informação que são utilizados por uma organização para obter benefícios económicos sobre os seus concorrentes. Os proprietários de um segredo comercial não têm quaisquer direitos sobre qualquer pessoa que obtenha acesso a esse segredo comercial independentemente, no entanto, podem impedir a utilização do segredo comercial por qualquer pessoa que o tenha aprendido com o proprietário. Os segredos comerciais são diferentes de outros tipos de PI, uma vez que é dever do proprietário manter o seu segredo comercial e não são protegidos por quaisquer políticas governamentais. Uma vez revelado o segredo comercial, este pode ser utilizado por qualquer pessoa ou organização. Um segredo comercial é precioso até que a sua informação permaneça secreta. A informação que se encontra sob um segredo comercial pode ser:

- As informações sobre segredos comerciais não são geralmente conhecidas do público.
- Concede um certo tipo de benefício económico ao seu proprietário.
- É a questão dos esforços razoáveis para manter o seu sigilo.

7.3.2.6 Indicação Geográfica

As indicações geográficas são os símbolos que são marcados nos bens que têm uma origem geográfica particular e que têm as qualidades, características ou reputação desse lugar de origem. A maioria das indicações geográficas consiste no nome do local de onde são efectivamente originárias. Geralmente, um produto agrícola ostenta indicações geográficas indicando caracteristicas que provêm do seu local original de produção e são influenciadas por factores geográficos locais específicos, como o solo e o clima. As indicações geográficas são utilizadas para uma grande variedade de produtos agrícolas, como "Toscana" para o azeite produzido numa determinada zona de Itália ou "Darjeeling" para o chá na Índia. No entanto, a utilização de indicações geográficas não se limita aos produtos agrícolas, mas é também utilizada para realçar qualidades específicas do produto que se devem essencialmente a factores humanos, como capacidades e tradições específicas de fabrico. Um exemplo pode ser 'suíço', que é visto como uma indicação geográfica em numerosos países para produtos (especialmente relógios) que são fabricados na Suíça.

As indicações geográficas são protegidas de acordo com as leis nacionais e sob uma vasta gama de conceitos, tais como leis contra a concorrência desleal, leis de protecção dos consumidores, leis para a protecção das marcas de certificação, ou leis especiais para a protecção das indicações geográficas ou denominações de origem. No essencial, as partes não autorizadas não podem utilizar indicações geográficas.

7.3.2.7 Diferenças entre uma Indicação Geográfica e uma Marca Registada

Uma marca é um sinal utilizado por uma empresa para distinguir os seus bens e serviços dos de outras empresas. Dá ao seu proprietário o direito de excluir outros da utilização da marca registada. Uma indicação geográfica diz aos consumidores que um produto é produzido num determinado local e tem certas características que são especiais para esse local. Pode ser utilizada por todos os produtores que fabricam os seus produtos no local designado por uma indicação geográfica e os produtos partilham qualidades típicas.

7.3.3 Violações das Leis de Propriedade Intelectual

A propriedade intelectual tem encorajado as pessoas a inventarem criações indígenas, uma vez que a lei protege o seu direito sobre as suas respectivas obras. Pode também oferecer alguma ajuda económica ao titular do direito, através do monopólio das suas criações. Assim, é muito importante respeitar estes direitos e impedir a sua violação.

No entanto, se os direitos de PI forem violados, é geralmente da responsabilidade do proprietário fazer valer os seus direitos. Dependendo do tipo de PI envolvida, há várias formas de responder às violações. A violação de direitos de autor e de marcas comerciais implica sanções civis tais como proibições, e/ou sentenças pecuniárias. Os casos graves de violação de direitos de autor podem também resultar em acções penais. As infracções de patentes estão sujeitas apenas a sanções civis. Por conseguinte, o titular da patente é o único responsável pela aplicação dos seus direitos legais. Até agora, só existiam recursos civis para a punição de violações do segredo comercial. Contudo, ao abrigo da Lei de Espionagem de 1996, o governo pode levar a cabo acções penais por roubo de segredos comerciais.

Em todos os casos de violação da PI, a negociação é a solução mais simples e mais barata possível. Por vezes, as violações de PI ocorrem como resultado de erros inocentes. Um simples telefonema ou uma carta amigável notificando o perpetrador pode ser suficiente para resolver o problema.

7.4 LEI DA PRIVACIDADE

As leis de privacidade são leis que se preocupam com a protecção e conservação dos direitos de privacidade e leis dos indivíduos ou organizações. Fazem respeitar a protecção de informações confidenciais e privadas reveladas num local privado ou a um perito e a recolha de dados electrónicos em que estas informações pessoais fornecidas são reveladas ou roubadas. As informações presentes em sítios de redes sociais são também revistas na área das leis de privacidade.

Gradualmente, cada vez mais organizações e indivíduos, incluindo governos e outras organizações públicas ou privadas, recolhem enorme quantidade de informação privada sobre indivíduos para uma variedade de funções. A lei da privacidade controla o tipo de informação que pode ser recolhida e a forma como esta informação recolhida será utilizada e armazenada para utilização futura.

7.4.1 Classificação das Leis de Privacidade

As leis de privacidade podem ser amplamente classificadas no seguinte:

7.4.1.1 Leis Gerais de Privacidade

Estas leis têm uma influência global sobre a informação privada e confidencial dos indivíduos e influenciam as várias políticas que gerem as diferentes áreas de informação.

7.4.1.2 Leis específicas de privacidade

Estas leis destinam-se a controlar tipos específicos de informação. A informação que controlam é específica a uma área específica e também a de um indivíduo em particular. Alguns exemplos das leis de privacidade específicas incluem:

- Leis sobre privacidade na saúde
- Leis de privacidade financeira
- Leis de privacidade online
- Leis de privacidade nas comunicações

7.5 FORENSE DE COMPUTADOR

Acredita-se que a informática forense é a aplicação de várias técnicas analíticas e investigativas para identificar, recolher, examinar e preservar as provas ou informações que são armazenadas magneticamente ou codificadas. É mais uma arte do que uma ciência; no entanto, os profissionais forenses informáticos seguem metodologias e procedimentos inequívocos e bem definidos, pelo que a perícia informática recai na categoria de ciência. A informática forense é geralmente utilizada para fornecer provas digitais legais de uma actividade particular ou geral a partir de objectos digitais que envolvem sistemas informáticos, meios de armazenamento, documentos electrónicos, vários dispositivos móveis ou telefones inteligentes ou mesmo uma sequência de pacotes que se deslocam continuamente através de uma rede informática de um sistema para outro.

Uma investigação forense poderia ser iniciada por diferentes tipos de razões. A maioria das investigações são geralmente sobre investigações criminais, ou processos civis, mas as técnicas forenses digitais podem ser utilizadas numa grande variedade de circunstâncias, incluindo passos de novo rastreio a serem dados quando os dados se perderam. O profissional forense informático deve ter um enorme conhecimento de como recuperar os dados com a ajuda de software, bem como de hardware, e deve ter qualificações e conhecimentos essenciais para a realização da tarefa.

7.5.1 Razões para a utilização da informática forense

Poderia haver várias razões para utilizar a perícia informática; algumas delas foram discutidas anteriormente. Mais algumas razões para a utilização da perícia informática são as seguintes:

- Em casos jurídicos, as técnicas forenses informáticas são repetidamente utilizadas para examinar sistemas informáticos ou meios de armazenamento pertencentes aos infractores.
- Recuperar dados no após falha de um dispositivo de software ou hardware.
- Examinar um sistema informático após um incidente para obter algumas provas.
- Recolher provas contra um funcionário de que uma organização suspeita estar envolvida em acções erradas.
- Para obter informações sobre os sistemas informáticos que funcionam para a reparação, optimização do desempenho ou para a engenharia inversa.

7.5.2 O Processo Forense

O processo forense segue metodologias e procedimentos inequívocos e bem definidos. Os profissionais seguem estes procedimentos para levar a cabo o processo forense. O processo forense está dividido nas cinco etapas básicas seguintes.

7.5.2.1 Preparação

O primeiro e mais importante passo da perícia informática é a preparação. Nesta etapa, os investigadores são devidamente formados para realizar certos tipos de investigações.

 Estes investigadores recebem conhecimentos práticos com todas as ferramentas disponíveis que os podem ajudar na análise dos vários artefactos digitais. A pessoa envolvida deve ser capaz de identificar as circunstâncias e deve ser capaz de decidir que tipo de ferramentas podem ser utilizadas em que circunstâncias, de modo a ajudar no diagnóstico dos artefactos.

7.5.2.2 Recolha de Provas Digitais

Quando a equipa de investigação estiver pronta, a próxima fase será a recolha de provas digitais de vários artefactos digitais disponíveis. As provas digitais são recolhidas para análise de diferentes artefactos digitais como computadores, telemóveis e smartphones, câmaras digitais, discos rígidos, dispositivos de memória USB e muitos outros meios de armazenamento que podem fornecer provas digitais à equipa. No momento da recolha, a equipa escolhe todos os artigos que estão disponíveis para o processo de exame.

As provas digitais podem ser recolhidas a partir de uma variedade de fontes. Por exemplo, dentro da rede de uma organização, as provas podem ser encontradas em várias formas de tecnologias que são utilizadas para transferir ou armazenar dados. As provas também podem ser recolhidas a partir de três partes da rede de um infractor: a estação de trabalho do infractor, o servidor utilizado pelo infractor, e a rede que liga as duas. Os investigadores têm portanto de utilizar fontes diferentes para verificar a origem dos dados.

7.5.2.3 Exame

Uma vez recolhidos diferentes artefactos digitais pela equipa, estes precisam de ser examinados. Durante o exame, são utilizadas diferentes ferramentas para quebrar os códigos, para descobrir dados escondidos. Durante a fase de exame, é verificado se as provas recolhidas são úteis ou não. Para o fazer, são utilizadas muitas ferramentas para que a informação presente nesses artefactos possa ser descoberta. Se as provas forem úteis, são transmitidas para as etapas subsequentes ou então a equipa é solicitada a recolher novamente as provas.

7.5.2.4 Análise

Todas as provas digitais que foram consideradas úteis são analisadas para determinar o tipo de informação que é armazenada na mesma. Para tal, são utilizadas ferramentas especializadas que podem mostrar a informação num esquema útil aos investigadores para recolherem provas contra os infractores. Durante a análise, é mantida uma lista de verificação juntamente com documentação. No momento em que qualquer análise de provas termina, esta é verificada na lista e é mencionada nos documentos.

7.5.2.5 Relatórios

Uma vez terminada a análise, é preparado um relatório. Este relatório inclui toda a informação sobre o processo levado a cabo, indicando que provas foram recolhidas de onde, o seu processo de exame e análise e ferramentas utilizadas e, finalmente, que conclusão foi tirada de acordo com a etapa de análise. Este relatório pode ser um relatório escrito, um depoimento oral ou uma combinação dos dois para resumir um relatório. 7.5.3 Tipos de perícia informática A perícia informática pode ser categorizada em diferentes categorias de acordo com a origem da fonte a partir da qual as provas são recolhidas. As várias categorias de perícia informática são as seguintes:

7.5.3.1 Forense de Rede

A medicina legal de rede pode ser descrita como a utilização de técnicas cientificamente estabelecidas para recolher, identificar, inspeccionar, associar, analisar e documentar várias provas digitais de numerosas fontes digitais, processando e transmitindo-as activamente com o objectivo de encontrar provas relacionadas com os objectivos pretendidos, ou para medir o sucesso de actividades não autorizadas planeadas para perturbar, ou corromper componentes do sistema, bem como fornecer informação para ajudar a gerar resposta ou recuperar dados das várias fontes de componentes de rede.

A perícia da rede trata fundamentalmente de monitorizar o tráfego da rede e decidir se existe alguma diferença no padrão de tráfego e se este padrão diferente pode ser uma ameaça. Se assim for, a natureza do ataque tem de ser determinada. Os aspectos vitais da medicina legal da rede incluem a captação de tráfego, protecção, análise e documentação dos resultados. O objectivo da perícia da rede é, contudo, diferente quando é levada a cabo por forças da lei e não por operações de segurança. Neste caso, a investigação do tráfego de rede capturado pode incluir tarefas como a remontagem de ficheiros de transferência, a procura de palavras-chave específicas e a análise da comunicação humana, como e-mails ou sessões de chat. Na investigação forense de rede, os investigadores e os atacantes têm o mesmo nível de perícia. O perito forense da rede utiliza as mesmas ferramentas e utiliza o mesmo conjunto de práticas que a pessoa que está a ser investigada.

7.5.3.2 Base de dados Forense

Base de dados forense é o campo da perícia forense informática que trata da investigação forense de bases de dados para recolher provas. Pode ser descrito como a recolha e investigação das bases de dados, ou de uma determinada transacção ou tabelas obtidas a partir de bases de dados, de modo a que estejam livres de qualquer falsidade, de modo a reestruturar dados ou eventos para identificar e reconhecer que tipo de transacções ou operações foram realizadas no passado num sistema de bases de dados. Para serem peritos em forenses de bases de dados, os profissionais forenses devem estar cientes dos diferentes esquemas de codificação que são utilizados para a codificação de dados nas bases de dados relacionais.

A base de dados forense é necessária para proteger os dados de acesso malicioso; análise não autorizada, modificação ou dano dos dados. É também necessária para proteger a base de dados de violações acidentais da integridade.

As regras forenses informáticas podem ser relevantes para a perícia de bases de dados; os profissionais forenses adquirem inicialmente bases de dados e depois analisam-nas para quaisquer provas. Quando os princípios forenses informáticos são aplicados nas bases de dados, a própria base de dados é adquirida forensicamente, ou seja, as cópias forenses das indicações da base de dados são preparadas a fim de conservar as provas para um futuro arranjo de um processo legal.

Quando profissionais forenses investigam uma base de dados, devem ser consideradas várias ferramentas de software que podem ser utilizadas para analisar a transacção. Estas ferramentas de software fornecem capacidades de registo de auditoria que dão provas documentadas de que trabalhos ou análises um profissional forense realizou na base de dados.

7.5.3.3 Forense Móvel

A perícia forense móvel consiste nas técnicas pelas quais as provas são retiradas de vários dispositivos móveis como telemóveis, smart phones e outros dispositivos de mão. Está principalmente relacionado com a forma como a memória de um dispositivo móvel pode ser armazenada forensicamente, o que tem consequências para uma imagem de memória. As imagens de memória são utilizadas como provas e são valiosas para investigações adicionais. Uma investigação é realizada após um incidente de crime ou mau funcionamento de um dispositivo para recuperar dados vitais desses dispositivos. As técnicas forenses informáticas não são aplicáveis à técnica de imagem forense em dispositivos móveis, porque os dispositivos móveis funcionam em diferentes tipos de memória e têm diferentes interfaces de dispositivos. Os dispositivos móveis são utilizados para armazenar informação pessoal como contactos, fotografias, calendário e notas.

Com a crescente popularidade dos dispositivos móveis, os investigadores forenses digitais móveis estão a utilizar diferentes técnicas forenses móveis em numerosos casos. Os investigadores dentro das organizações podem utilizar técnicas forenses móveis para encontrar dados e comunicações roubados em dispositivos utilizados por funcionários desonestos. Em casos legais, os investigadores podem extrair provas úteis de dispositivos móveis e podem obter uma visão aparente dos indivíduos envolvidos, e até confirmar a localização de suspeitos-chave em momentos do evento.

7.5.3.4 Investigação Forense de Firewall

A equipa forense da firewall trata do tráfego que entra e sai da rede de uma determinada organização. Ajuda o profissional a identificar o conteúdo de alertas e registos de firewall.

7.6 ÉTICA E INTERNET

Uma vez que a Internet está a ser utilizada em todas as partes do mundo, é vital identificar o que se espera de um utilizador que esteja a navegar na Internet. Estas expectativas são conhecidas como ética e, como estão ligadas ao computador ou à Internet, são conhecidas como ética informática ou ética cibernética. A ética cibernética é diferente das leis cibernéticas. As leis cibernéticas são informações oficialmente escritas que são aplicáveis a todos, protegidas pelo sistema judicial e impostas pela polícia, enquanto a ética é uma percepção filosófica ampla que simplesmente vai para além do certo e do errado e muda de indivíduo para indivíduo. A ética não é escrita formalmente em qualquer lugar, mas é o que um indivíduo ou uma organização espera de outro indivíduo ou organização. Tudo e cada coisa que contrasta com as linhas de orientação públicas, contra o bem-estar público e que possa perturbar a harmonia pública, pode ser chamado de imoral ou antiético.

Alguns dos trabalhos pouco éticos que um indivíduo pode cometer enquanto navega na Internet são os seguintes:

- Procurar obter acesso não autorizado aos recursos da rede de alguém.
- Perturbar o uso proposto da Internet.
- Desperdício de recursos, capturando-os simplesmente para nenhuma utilização.
- Destruir a integridade da informação baseada em computador.
- Comprometendo a confidencialidade dos utilizadores.
- Considerando que algumas das tarefas éticas que um indivíduo pode assumir incluem:
- Não utilizar um computador ou a Internet para prejudicar os outros.
- Não interferir com o trabalho informático de outras pessoas.
- Não se esgueirar pelos ficheiros informáticos de outras pessoas.
- Não utilizar o computador e outros recursos para roubar.
- Não utilizar um computador para permitir a falsa testemunha.
- Não lidar com ou utilizar software proprietário pelo qual não tenha pago.
- Não utilizar os recursos informáticos de outras pessoas sem a devida autorização ou compensação.
- Não utilizar o trabalho intelectual de outras pessoas.
- Pensando nas consequências sociais do programa que estão a escrever ou do sistema que estão a conceber.
- Utilizar um computador da forma que garanta a consideração e o respeito pelos outros seres humanos.

7.7 CRIMES CIBERNÉTICOS

Os crimes informáticos são chamados por nomes diferentes, como cibercrime, e-crime ou crime electrónico. Refere-se a qualquer crime em que o computador e uma rede são utilizados para realizar o crime, mas os computadores podem ou não desempenhar um papel importante no cometimento do crime. Os cibercrimes são acções perigosas cometidas a partir de ou contra um computador ou rede, que são diferentes da maioria dos crimes globais em alguns aspectos. São simples de aprender a cometer; requerem menos recursos em comparação com os danos potenciais que causam; o cibercrime pode ser cometido sem estar fisicamente presente; e não são, na maioria das vezes, claramente ilegais. No cibercrime, existem também problemas de confidencialidade, onde informações privadas e confidenciais podem ser perdidas ou interceptadas .

O crime informático inclui uma grande variedade de acções potencialmente ilegais. No entanto, os crimes informáticos podem ser categorizados em qualquer uma das seguintes categorias :

Crimes que se destinam directamente a redes ou dispositivos informáticos.

Crimes assistidos por redes ou dispositivos informáticos, em que o alvo principal do crime está livre da rede ou dispositivo informático.

7.7.1 Tipos de Crimes Cibernéticos

Podem existir numerosos tipos de crimes cibernéticos que um utilizador pode cometer com ou sem conhecimento de causa. Estes crimes podem levar a pessoa a passar parte da sua vida atrás das grades, para além de pagar algum montante como pena. Nesta secção, descrevemos alguns dos crimes cibernéticos comuns .

7.7.1.1 Spam

O spam, ou o envio desnecessário de correio electrónico em massa inútil por razões comerciais, é ilegal. Tal como aplicadas ao correio electrónico, as leis exactas anti-spam são comparativamente novas, contudo, as restrições às comunicações electrónicas indesejadas têm sobrevivido sob algumas formas durante algum tempo.

7.7.1.2 Fraude

As fraudes informáticas são qualquer distorção desonesta da informação proposta para deixar que outra pessoa faça ou se abstenha de fazer qualquer coisa que cause perda de informação. A fraude informática envolve actividades como modificação ou eliminação de dados armazenados; modificação ou maltratação de ferramentas de sistema ou pacotes de software presentes - idade, ou modificação ou escrita de código para fins falsificados. Normalmente, as fraudes associadas às actividades relacionadas com o dinheiro podem causar danos monetários a um indivíduo ou à organização.

7.7.1.3 Conteúdo obsceno ou ofensivo

A questão dos websites e outras comunicações electrónicas pode ser ofensiva, insultuosa, grosseira ou violenta por diferentes razões. Em alguns dos casos, estes conteúdos podem mesmo ser ilegais. Muitas jurisdições impõem limites a um determinado discurso e proíbem matérias racistas ou inflamatórias que tendem a motivar crimes. O grau em que esta informação é ilegal difere significativamente entre países, e mesmo dentro de uma nação. Esta é uma área sensível em que os tribunais podem ser envolvidos nas decisões entre vários grupos com crenças bem estabelecidas.

7.7.1.4 Tráfico de droga

Os traficantes de droga estão gradualmente a crescer, aproveitando a Internet para comercializar os seus materiais ilegais através de e-mails codificados e outras tecnologias da Internet. O súbito boom do comércio de drogas na Internet pode também dever-se à falta de comunicação cara-a-cara. Estas trocas virtuais permitem que mais indivíduos sem rosto adquiram confortavelmente drogas ilegais. As consequências que estão associadas ao comércio de drogas são severamente reduzidas e o processo de filtragem que vem com a comunicação física desvanece-se. Além disso, as receitas tradicionais de drogas foram cuidadosamente mantidas longe do público, mas com a mais recente tecnologia informática, esta informação é agora facilmente disponibilizada a qualquer pessoa que tenha acesso ao computador.

7.7.1.5 Ciberterrorismo

O ciberterrorismo pode ser definido como um acto de terrorismo cometido através da utilização do ciberespaço ou de outros recursos informáticos. Por exemplo, um simples anúncio na Internet, de que haverá ataques bombistas em certos lugares será considerado como um acto de ciberterrorismo. O mais chocante é que o ciberterrorista utiliza a Internet ou recursos informáticos para executar um ataque real. Um ciberterrorista é alguém que intimida ou obriga o governo ou a organização a divulgar os seus objectivos sociais, iniciando um ataque informático hostil aos computadores, à rede e às informações neles armazenadas.

7.7.1.6 Bombardeamento por e-mail

O bombardeamento de correio electrónico refere-se ao envio de correio electrónico em excesso para um receptor, resultando na falha da sua conta de correio electrónico ou do seu servidor de correio. O infractor envia deliberadamente centenas e milhares de e-mails a um determinado indivíduo ou organização para que possa dificultar os serviços da conta de correio ou dos servidores de correio desse indivíduo ou organização.

7.7.1.7 Tratamento de dados

A manipulação de dados é um tipo de ataque que envolve a alteração de dados em bruto imediatamente antes de serem processados por um computador e a sua alteração de volta após o processamento estar concluído.

7.7.1.8 Ataques de salame

Os ataques de salame são utilizados para o pagamento de crimes financeiros. O modus operandi é tornar a modificação tão irrelevante que passaria totalmente despercebida, por exemplo, um empregado do banco introduz um programa, nos servidores do banco, que simplesmente subtrai uma pequena quantia de dinheiro como Rs. 5 por mês da conta de cada cliente. Nenhum titular de conta notará talvez este débito não autorizado de dinheiro, mas o mesmo empregado do banco fará uma quantia considerável de dinheiro todos os meses.

7.7.1.9 Ataque de Negação de Serviço

Ataque de negação de serviço (DoS) significa inundar um recurso informático com mais pedidos do que aquele que o computador pode tratar. Isto causa o colapso do computador, negando assim aos utilizadores autorizados serviços legítimos. Uma variação adicional a um típico ataque de DoS é uma negação de serviço distribuída (DDoS), na qual os responsáveis são muitos e estão geograficamente distribuídos. É muito difícil controlar tais tipos de ataques.

7.7.1.10 Ataques de vírus/vermes

Os vírus são aqueles programas que se afixam a um computador ou a um ficheiro e depois se deslocam para outros ficheiros e para outros computadores ligados em rede. Geralmente afectam os dados de um computador, quer modificando-os ou apagando-os. Os vermes, ao contrário dos vírus, não requerem que o anfitrião os anexe. Simplesmente fazem réplicas funcionais de si próprios e fazem-no repetidamente até consumirem todo o espaço disponível na memória do computador.

7.7.1.11 Bombas lógicas

As bombas lógicas são programas dependentes de incidentes, ou seja, estes programas só começam a fazer algo quando um determinado evento, também conhecido como evento de desencadeamento, ocorre, por exemplo, numa determinada data e hora, o programa ficará activo mas antes dessa data e hora permanecerá inactivo e não causará qualquer dano ao sistema informático ou aos recursos.

7.7.1.12 Ataques de Tróia

Um cavalo de Tróia vulgarmente conhecido como cavalo de Tróia é um programa não autorizado que funciona a partir do interior, como um programa autorizado, mas que funciona de forma diferente no backend, ocultando assim o que está a fazer como aliado actuante. O Cavalo de Tróia quando activo passa informação confidencial dos utilizadores para a pessoa que o codificou.

7.7.1.13 Roubos de Tempo na Internet

Um roubo de tempo na Internet denota a utilização da Internet por uma pessoa não autorizada pelo tempo pelo qual algum outro utilizador tinha pago. Em tais casos, a outra pessoa que utiliza indevidamente o tempo de navegação na Internet noutro utilizador sabe o nome de utilizador e a palavra-passe do utilizador autorizado.

7.7.1.14 Web Jacking

O "Web jacking" ocorre quando alguém ganha forçosamente o controlo de um website, para que o verdadeiro proprietário do website não tenha mais nenhum controlo sobre o que aparece nesse website. O atacante atinge o controlo total sobre o sítio web e pode modificar o conteúdo ou o sítio web de acordo com o seu desejo.

7.7.1.15 Danos físicos ou roubo de um sistema informático

Este crime é cometido quer por danificar fisicamente ou roubar o sistema informático ou os seus periféricos.

7.7.1.16 Acesso Não Autorizado e Hacking

O acesso não autorizado indica algum tipo de acesso sem a anuência do proprietário legal ou da pessoa responsável pelos sistemas ou redes informáticas. Cada acto cometido no sentido de invadir um computador ou rede de computadores é hacking. Os hackers escrevem ou simplesmente utilizam programas informáticos prontos a atacar o computador ou rede alvo com a intenção de destruir. Alguns hackers hackeiam quer para obterem ganhos monetários pessoais, quer para se divertirem.

7.7.1.17 Falsificação de E-mail

A falsificação de e-mails significa que um e-mail que parece ter sido originado a partir de uma fonte enquanto que foi realmente enviado a partir de uma fonte diferente. Na falsificação de correio electrónico, o remetente disfarça-se de amigo do destinatário escondendo-lhe a sua verdadeira identidade, mas o remetente não está autorizado a enviar qualquer correio para o destinatário.

7.7.1.18 Pornografia

O significado exacto da palavra 'pornografia' é 'descrever ou mostrar actos sexuais para causar excitação sexual através de livros, filmes, etc.'. Esta forma de crime cibernético inclui websites pornográficos , material pornográfico produzido por computadores e utilização da Internet para descarregar e transferir vídeos gráficos porno, fotografias, escritos, etc. A pornografia encoraja o magnetismo do adultério, prostituição e fantasias que podem resultar em comportamentos imorais perigosos.

7.7.1.19 Violações dos direitos de propriedade intelectual

A violação dos direitos de propriedade intelectual inclui a pirataria de software, violações de direitos de autor, violações de marcas registadas, roubo de código fonte informático, etc.

7.7.1.20 Cyber Squatting

 Os nomes de domínio são também marcas registadas e são protegidos pela estratégia de resolução de argumentos de nomes de domínio da ICANN. Os ocupantes cibernéticos chamam o seu nome de domínio da mesma forma ao nome de domínio do fornecedor de serviços populares, de modo a atrair os seus utilizadores e tirar partido do factor nome.

7.7.1.21 Cyber Smearing

A difamação cibernética pode ser reconhecida como a violação intencional do direito de outra pessoa ao seu bom nome. A difamação cibernética ocorre quando a ofensa ocorre com a ajuda de computadores e da Internet. Por exemplo, alguém distribui informações assassinando o seu carácter num website ou envia e-mails com informações maliciosas a todos os amigos dessa pessoa. A informação colocada num quadro de avisos pode ser acedida por todos.

7.7.1.22 Empilhamento Cibernético

A perseguição cibernética envolve perseguir os movimentos de uma pessoa através da Internet, colocando mensagens nos quadros de avisos frequentados pela vítima, indo às salas de conversação visitadas frequentemente pela vítima, bombardeando frequentemente a vítima através do envio de e-mails de spam, etc. Geralmente, o assediador visa causar sofrimento emocional e não tem qualquer propósito legítimo para as suas comunicações.

7.7.1.23 Pedófilos

Há pessoas que propositadamente se aproveitam de crianças. Particularmente, fazem amizade com os adolescentes e seus pais e ganham a sua confiança. Lentamente seduzem-nas a actos sexuais ou ofensivos. Os pedófilos atraem as crianças através da distribuição de material pornográfico e entregam-se a actividades sexuais. Fotografam as vítimas em poses descomprometidas. Uma vez que tenham essas imagens, tentam simplesmente pregar o correio a estes adolescentes.

7.7.1.24 Pirataria de Software

A pirataria de software significa distribuição do software não autorizado, copiado ou duplicado sem preocupação prévia do programador associado à organização. Geralmente, o software é licenciado de acordo com a quantidade de utilizadores de uma determinada organização. Por exemplo, a licença só pode ser de um único utilizador, co-utilizador ou licenças de estudante. Agora, acredita-se que a obtenção de uma licença de um único utilizador e a sua utilização em múltiplos sistemas seja pirataria ou a entrega da réplica do software licenciado para promover alguém é também considerada pirataria.

A distribuição de software é difícil de controlar e devido a isso, as organizações enfrentam um défice multi-milionário. A palavra pirataria também inclui a distribuição ilegal de canções ou vídeos.

7.7.1.25 Código Rogue

Os códigos Rouge são software que são utilizados para armazenar o toque da tecla do utilizador pressionado no teclado e transferir esta informação para o servidor remoto para que a pessoa ali sentada possa obter o nome de utilizador e a palavra-passe do utilizador.

7.7.1.26 Sniffers de Pacote de Rede

Um sniffer de pacotes é uma aplicação de software que utiliza a placa de rede em modo promíscuo para capturar a totalidade dos pacotes de rede que são transmitidos através de uma rede. O "packet sniffer" utiliza esses pacotes para retirar informações significativas como nome de utilizador ou palavra-passe.

7.8 CRIMES CIBERNÉTICOS E LEIS CIBERNÉTICAS NA ÍNDIA

As leis cibernéticas são muito importantes, pois tocam aproximadamente todas as características das transacções e actividades relacionadas com a Internet: o www e o Ciberespaço. Em primeiro lugar, pode parecer que as leis cibernéticas são um campo muito técnico e que não tem qualquer relação com a maioria das actividades no ciberespaço, mas a verdade real é que as leis cibernéticas governam efectivamente todo o ciberespaço.

Na Índia, a lei cibernética está sob a forma de IT Act, 2000, que trata do ciberespaço. O IT Act, 2000 tenta revolucionar as leis obsoletas e fornece formas de lidar com os crimes cibernéticos. A necessidade de tais leis é enquadrada com a intenção de que as pessoas possam realizar as suas transacções de compra através da Internet através de cartões de crédito sem receio de utilização indevida. A Lei das TI recomenda o quadro jurídico muito necessário para que a informação não seja privada de efeito legal, validade ou aplicabilidade, exclusivamente com base em registos electrónicos.

Tendo em conta o aumento das transacções e comunicações em linha realizadas através de registos electrónicos, o acto tenta autorizar os departamentos governamentais a reconhecer o arquivamento, produção e manutenção dos documentos oficiais no layout digital. O acto também projecta um quadro legal para efeitos de autenticação e verifica a origem dos registos ou comunicações electrónicas através de assinatura digital.

 Alguns dos pontos-chave do IT Act, 2000 são:

 Do ponto de vista do comércio electrónico na Índia, o IT Act 2000 e os seus termos incluem muitas características positivas. Inicialmente, as implicações dos requisitos para os negócios electrónicos seriam o correio electrónico que seria agora uma forma legítima e legal de comunicação no país, que pode ser devidamente produzida e aprovada num tribunal.

As empresas poderão realizar o comércio electrónico utilizando a infra-estrutura legal dada pela lei.

As assinaturas digitais receberam autoridade legal e autorização no acto.

O IT Act abre as portas para a admissão de organizações empresariais no negócio de serem autoridades certificadoras para a emissão de certificados de assinatura digital.

 A Lei das TI permite ao governo emitir notificações na web, anunciando assim a e-governação.

O IT Act permite à organização apresentar qualquer forma de candidatura ou qualquer documento extra a qualquer escritório, autoridade; organismo ou agência que sejam propriedade ou controlados pelo governo em formato electrónico. Através da forma electrónica que possa ser aprovada pelo gabinete governamental apropriado.

A Lei das TI também aborda as questões significativas de segurança, que são tão importantes para a realização de transacções electrónicas. A lei legitima o conceito de assinaturas digitais seguras que teriam de ser aprovadas por um sistema de um processo de segurança, tal como estipulado pelo governo numa data posterior .

Ao abrigo da Lei das TI, 2000, será agora possível às empresas e organizações disporem de recursos legislativos no caso de alguém invadir os seus sistemas informáticos ou a sua rede e causar danos, apagar ou copiar dados. A reparação disponibilizada pela lei é sob a forma de compensação monetária, que não pode exceder Rs 1 crore.

I want morebooks!

Buy your books fast and straightforward online - at one of world's fastest growing online book stores! Environmentally sound due to Print-on-Demand technologies.

Buy your books online at
www.morebooks.shop

Compre os seus livros mais rápido e diretamente na internet, em uma das livrarias on-line com o maior crescimento no mundo! Produção que protege o meio ambiente através das tecnologias de impressão sob demanda.

Compre os seus livros on-line em
www.morebooks.shop

Printed by Books on Demand GmbH, Norderstedt / Germany